AF502329

MEMENTO

DE

L'EXPORTATEUR

MEMENTO
de
L'EXPORTATEUR

Volume II

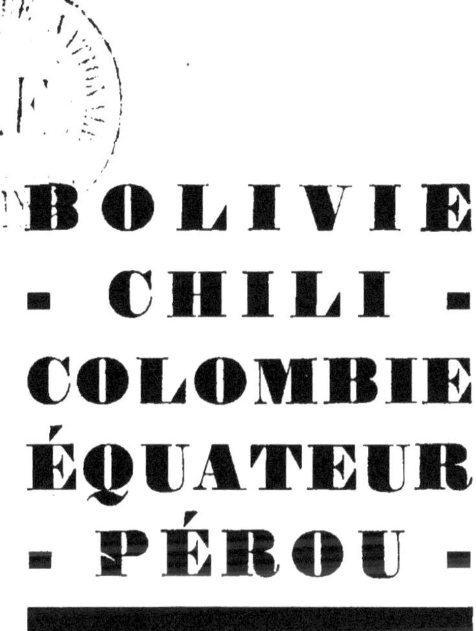

BOLIVIE - CHILI - COLOMBIE ÉQUATEUR - PÉROU -

Édité par la
Banque Nationale Française du Commerce Extérieur
21, Boulevard Haussmann
PARIS

PRÉFACE

L'accueil favorable réservé au premier volume de notre MEMENTO DE L'EXPORTATEUR ainsi qu'aux éditions analogues de la Fédération des Industriels de France par les milieux divers, monde industriel et commercial, administration, presse, etc..., témoigne de l'opportunité de l'idée qui a présidé à ces diverses publications.

Encouragés par ce premier succès, nous présentons aux lecteurs le deuxième volume de la Collection du MEMENTO DE L'EXPORTATEUR portant sur la Bolivie, le Chili, la Colombie, l'Equateur et le Pérou. Les études consacrées à chaque pays sont plus étendues que les monographies contenues dans le premier volume. Ainsi, les deux premiers tomes du MEMENTO auront donné des informations relatives à la situation économique de tous les Etats du continent sud du nouveau monde.

Au cours des recherches et études que comportait ce travail, une impression générale s'est dégagée, quant aux transformations économiques subies par les pays de l'Amérique du Sud, pendant et après la guerre, et les perspectives que la nouvelle situation des marchés sud-américains ouvre à l'industrie et au commerce français.

La répercussion la plus importante de la guerre a été l'accroissement considérable de l'influence américaine au détriment des principales nations européennes. Le commerce américain, activement secondé et appuyé par son gouvernement, a su profiter de l'absence forcée de ses concurrents européens et a réussi dans bien des cas à leur enlever leur clientèle et à la conserver. Le capital américain qui, déjà avant la guerre, jouait un rôle très important dans la vie de la plupart des pays de l'Amérique du Sud, a su se prévaloir également de la situation créée par la guerre et avait singulièrement fortifié ses positions. Ainsi le total des capitaux nord-américains placés dans les dix pays de l'Amérique du Sud, qui était de $ 176 millions en 1912, avait atteint en 1928 le chiffre imposant de $ 2.205 millions.

Cette pénétration des capitaux et des marchandises nord-américaines est très certainement favorisée par l'influence qu'ont exercée les compétences scientifiques et la haute banque des Etats-Unis sur les réformes monétaires et financières réalisées par de nombreux pays de l'Amérique du Sud au cours de ces dernières années. Il suffit à cet égard de citer le rôle prépondérant joué par la mission du professeur Kemmerer de l'Université de Princeton, dont les travaux ont été à la base des réformes monétaires et financières de l'Equateur, de la Bolivie, du Chili, de la Colombie et du Pérou.

L'ascendant pris ainsi par l'Amérique du Nord sur l'Amérique latine constitue un fait dont la portée politique et économique est manifeste. Le commerce européen en a déjà subi les douloureuses conséquences.

En effet, tandis que les importations nord-américaines en Amérique du Sud ont presque quadruplé depuis 1913, la valeur des importations des principaux pays européens était en 1926 à peu près la même qu'à la veille de la guerre. En réalité — compte tenu de la hausse des prix mondiaux — l'importation européenne était en 1926 inférieure à celle d'avant-guerre.

Les principales victimes sous ce rapport ont été l'Empire Britannique et l'Allemagne, et nous assistons actuellement à un effort considérable et tenace de ces deux pays en vue de reconquérir leurs positions d'avant-guerre.

La France a peut-être mieux supporté l'épreuve de la guerre que ses principaux concurrents européens : en 1926, en chiffres absolus, la valeur totale des exportations françaises à destination des 10 Républiques de l'Amérique du Sud a même légèrement augmenté. Toutefois, si l'on tient compte de la hausse des prix-or des marchandises françaises et de l'augmentation considérable des achats de l'Amérique Méridionale, on sera obligé de constater que notre position sur le marché sud-américain est relativement plus faible qu'elle ne l'était avant la guerre.

Il reste, par conséquent, un gros effort à accomplir en vue d'assurer au commerce français sur les marchés de l'Amérique du Sud la situation à laquelle, pour de nombreuses raisons, il peut prétendre. En effet, la qualité et le goût de ses produits, le monopole de fait de certaines marchandises de luxe, d'une part, et, d'autre part, les affinités latines et les sympathies agissantes du monde Sud-Américain envers la France peuvent être des éléments prépondérants dans la lutte économique. Cependant, une politique commerciale raisonnée, coordonnée, et adaptée aux conditions particulières des marchés sud-américains, s'impose aux exportateurs français s'ils veulent atteindre ce but.

Nous avons essayé de donner quelques indications sur les moyens de pénétration les plus efficaces pour chaque pays traité.

Ces indications devront nécessairement être complétées par des études plus détaillées auxquelles se livreront les exportateurs dans chaque cas particulier.

D'une façon tout à fait générale, il est indispensable de tenir compte de certaines conditions particulières aux marchés d'outre-mer, et, notamment, il est nécessaire d'avoir toujours présent à l'esprit les idées générales suivantes :

1° Les marchés sud-américains sont ouverts à toutes les productions du monde, sans autre préférence marquée que celle qu'a pu imposer la coutume ;

2° L'organisation du commerce extérieur y est très différente de celle de la France, en raison plus particulièrement de la faible densité de la population et des moyens restreints de communications et de tranpsorts ;

3° Il est bon de tenir compte d'une tendance très prononcée, surtout parmi la clientèle de la campagne, à adopter les articles standardisés qui facilitent la vente et simplifient les approvisionnements ;

4° Par suite de la très âpre concurrence mondiale, la qualité de la marchandise doit être tout particulièrement soignée et les prix très serrés. Si les bénéfices réalisés au début sont minimes, l'exportateur français trouvera, les articles une fois introduits, la compensation dans une vente ultérieure plus abondante, grâce aux nouveaux débouchés.

Les nouveaux débouchés s'ouvriront d'autant plus facilement que les conditions de vente, en ce qui concerne notamment le crédit, les dépôts en consignation, l'emballage, etc..., seront en harmonie avec celles qui sont en usage dans le pays et aussi avantageuses que celles de la concurrence étrangère ;

5° Les efforts des exportateurs français doivent être groupés et coordonnés au lieu de s'opposer les uns aux autres. Dans cet ordre d'idées, des ententes commerciales, des ventes en com-

mun, une propagande collective pourraient être utilement envisagées ;

6° *Le concours des agents locaux est presque toujours indispensable et des voyages des chefs de maison ou de leurs représentants sont utiles ;*

7° *Aucune des ressources possibles de renseignements ne doit être négligée et il est plus particulièrement recommandé d'avoir recours aux bons offices de nos Attachés Commerciaux qui ont des postes d'écoute et d'observation sur tous les marchés importants de l'Amérique du Sud.*

Banque Nationale Française du Commerce Extérieur.

P.-S. — C'est pour nous un agréable devoir, que d'exprimer ici nos remerciements à toutes les personnes et institutions qui ont bien voulu nous aider dans ce travail par leurs conseils compétents et éclairés, et tout particulièrement à M. B. Eliacheff, docteur en droit et lauréat de la Faculté de Paris, attaché à la Direction de notre Etablissement, qui a bien voulu continuer la rédaction du *Memento de l'Exportateur.*

BOLIVIE

REPUBLIQUE UNITAIRE divisée en 8 départements et 3 territoires. Les départements sont subdivisés en 63 provinces, qui sont elles-mêmes partagées en cantons et vice-cantons.

Population et superficie. — D'après le recensement de 1922, la population est évaluée en chiffres ronds à 3.200.000 habitants, dont la majeure partie est constituée par des Indiens (quechuas et aymaras), viennent ensuite les métis (chilos) ; les blancs — Boliviens et un certain nombre d'Européens — représentent environ 13 % de la population.

La densité moyenne de la population est faible : 2,4 habitants au kilomètre carré, et elle varie sensiblement suivant les régions. Certaines parties du Haut-Plateau sont assez peuplées et fournissent la main-d'œuvre dans les mines. Les vallées des Yungas ont également une population relativement dense. Par contre, la région qui s'étend vers l'Est jusqu'au Brésil et au Paraguay, la plus vaste et la plus fertile du pays, a une population extrêmement restreinte, composée principalement de tribus indiennes demi-sauvages qui vivent dans les forêts.

La superficie du territoire situé entre les parallèles 9° et 28° de latitude Sud est d'environ 1.333.000 kilomètres carrés.

Ci-dessous un tableau des départements boliviens avec leur superficie et leur population respectives, ainsi que le nombre d'habitants au kilomètre carré.

	Kilom. car.	Habitants	au km. carré
Beni	247.030	53.000	0.2
Chuquisaca	94.120	370.000	3.8
Cochabamba	65.500	600.000	9.0
La Paz	105 750	865.000	7.6
Oruro	53.500	150.000	3.2
Potosi	116.660	540.000	4.7
Santa Cruz	357.760	360.000	1.1
Tarija	81·800	176.000	2.2
Territoire Colonias	72.380	60.000	0.8
Territoire Gran Chaco	120.358	26.000	0.2
	1.332.858	3.200.000	2.4

La Bolivie a, du reste, des frontières encore mal définies. Le Pérou a fait de fréquentes rectifications de frontières ; les litiges territoriaux avec l'Argentine sont en voie de solution définitive ; quant au Paraguay, il revendique le « Gran Chaco ». Malgré des diverses imputations qui ont réduit presque de moitié sa superficie initiale, la Bolivie reste encore la troisième puissance territoriale de l'Amérique du Sud.

Géographie, Climat. — On distingue trois zones géographiques :

1° Le Haut-Plateau, région montagneuse comprise entre les versants de la Cordillère extérieure et ceux de la Cordillère Royale, située à une altitude moyenne de 3.500 mètres, couvrant une étendue d'environ 100.000 kilomètres carrés. C'est la zone des grands gisements miniers et c'est la région où se concentre la vie économique et politique du pays ;

2° La région des Yungas, c'est-à-dire les vallées qui occupent les versants orientaux de la Cordillère et la zone située au Nord-Est de La Paz. Région agricole, produisant principalement la coca, le café, le quinquina, etc... On y trouve des petites villes et de nombreuses agglomérations ;

3° La zone tropicale (bassin amazonique) et sous-tropicale (région du Gran Chaco), de beaucoup la plus étendue, qui s'étend depuis la Cordillère Orientale, à 1.700 mètres d'altitude, jusqu'aux frontières du Brésil et du Paraguay. Les terres basses, très fertiles, couvertes de forêts contenant des arbres précieux, renferment également de grandes plaines propices à l'élevage.

La Cordillère des Andes forme la ligne de partage entre les eaux du territoire bolivien qui vont à l'Atlantique et celles qui se dirigent vers le Pacifique. Les rivières les plus importantes sont celles du système amazonique, comme le Béni, le Guaporé, le Madre de Dios et le Mamoré, qui forment plus loin le fleuve Madeira, et qui pourront un jour servir de débouché vers l'Atlantique aux richesses inexploitées des régions qu'ils traversent.

Le fleuve Paraguay, qui coule dans la région frontière boliviano-paraguayenne en litige, est une des voies navigables les plus sûres pour les produits dirigés vers le Rio de la Plata.

La Bolivie, bien que située en majeure partie dans la zone torride, possède un climat qui varie selon l'altitude.

Dans la région du Haut-Plateau, on note des changements

brusques de température. Le thermomètre marque à La Paz un maximum de 25° l'été, et en hiver un minimum de 4° au-dessous de zéro. Les hivers sont froids, mais tempérés par le soleil pendant quelques heures de la journée. L'été est chaud avec des abaissements de température considérables à la chute du soleil et dans la nuit. Les pluies sont abondantes pendant les deux derniers mois de l'été, en janvier et février.

Dans les vallées des Yungas et dans la région des forêts et des plaines du Nord et du Nord-Est, l'hiver avec froid n'est pas connu ; on n'y distingue que deux saisons : l'été ou saison des pluies torrentielles, de décembre à mai, et l'hiver ou saison sèche, allant de juin à novembre. La chaleur est très forte quand les pluies ont été rares.

Capitale : SUCRE.

Langue : Espagnol.

Organisation politique, Administration. — Depuis la proclamation de l'Indépendance, en 1825, la Bolivie a subi de nombreuses révolutions et dissensions intestines, qui ont entravé l'essor du pays. La guerre du Pacifique lui a coûté la perte de la province d'Antofagasta. Depuis 1898, le calme et l'ordre semblent s'être rétablis en Bolivie. Le mal dont le pays continue à souffrir le plus, c'est le manque d'accès direct à la mer, qui le rend tributaire des pays voisins et entrave dans une certaine mesure son développement économique.

L'organisation politique de la Bolivie est régie par la Constitution du 6 août 1825, modifiée le 28 octobre 1880, suspendue le 10 avril 1898 et de nouveau en vigueur depuis le 23 octobre 1899.

Le Pouvoir exécutif est exercé par un Président et deux Vice-Présidents, élus pour 4 ans au suffrage direct.

Les départements sont sous l'autorité directe d'un Préfet nommé pour 4 ans par le Président de la République et qui a sous ses ordres tous les fonctionnaires publics.

Le Pouvoir législatif est formé par un Congrès composé de deux Chambres :

Le Sénat composé de 16 membres (2 par département) élus au suffrage direct pour 4 ans et renouvelables par moitié tous les 2 ans ;

La Chambre des Députés comprend 75 membres élus au suffrage direct pour 4 ans et renouvelables par moitié tous les 2 ans.

Le Congrès se réunit le 6 août de chaque année pour une période de 60 à 90 jours.

Le Pouvoir judiciaire est constitué comme suit :

1° La Cour Suprême de Justice, qui a son siège à Sucre ;

2° Les Cours de District, dans chaque chef-lieu de département ;

3° Les Juges de District qui rendent des jugements en première instance ;

4° Les Juges ou Maires de Paroisse qui règlent les petits litiges jusqu'à concurrence de Bs. 100.

Finances publiques. — Les recettes du budget sont principalement constituées par les taxes à l'exportation, les droits sur l'alcool, l'étain, l'antimoine. Une taxe de 3 % est perçue sur les bénéfices nets de toutes les entreprises minières.

Les principales sources de dépenses sont :

Le service de la dette (estimée à Bs. 132.170.000 fin juin 1927), l'armée, l'instruction publique et les Services du Ministère de l'Intérieur. Les budgets des dix dernières années étaient déficitaires ; on espère arriver à équilibrer le budget, en 1929, en comprimant toutes les dépenses administratives, et se conformant aux suggestions de la mission Kemmerer.

Le tableau ci-après indique les recettes et dépenses pour les années 1919-1929.

(Les bolivianos étaient convertis au taux de Bs : 12,5 = £, les astérisques * indiquent les budgets estimatifs).

(EN LIVRES STERLING)

ANNÉES	RECETTES	DÉPENSES	DÉFICIT
1929*	3.615.352	3.615.352	»
1928*	4.151.775	4.464.238	312.463
1927*	3.930.810	3.944.530	13.720
1926	3.586.328	3.879.118	292.790
1925*	3.120.260	3.509.899	389.639
1924*	1.915.082	3.089.906	1.174.824
1923	2.004.802	3.004.772	999.970
1922	»	3.200.081	»
1921	1.843.781	2.545.556	701.775
1920	2.222.941	3.957.638	1.734.697
1919	1.999.122	2.506.301	608.179

Villes principales

1. **Sucre** : Capitale nominale de la Bolivie, quoique le siège du Gouvernement et du Corps diplomatique est à La Paz. Centre intellectuel ; une des plus anciennes Universités de l'Amérique du Sud. Située à 2.550 mètres (8.500 pieds) d'altitude, à 508 kilomètres de La Paz et 171 kilomètres de Potosi (service automobile). 30.000 habitants. Centre région agricole.

   L'importation est faite surtout par l'intermédiaire des maisons de La Paz et de Potosi. Quelques commerçants traitent directement avec l'étranger.

2. **La Paz** : La ville principale du pays. Siège du Gouvernement, des Administrations centrales et des Légations, située à une altitude d'environ 3.640 mètres (12.000 pieds). La ville jouit d'un climat tempéré avec une température moyenne de 10°. Neige en juin et juillet ; saison des pluies : novembre-avril. 140.000 habitants. Centre commercial le plus important du pays. Siège social de toutes les grandes maisons d'importation et des banques. La Paz est reliée par voies ferrées et autres à toutes les principales villes du pays ; la ville est tout indiquée pour l'établissement d'une agence, et doit servir de point de départ aux voyageurs de commerce.

3. **Oruro** : Chef-lieu du département du même nom. Située à 3.660 mètres d'altitude (12.122 pieds), sur la ligne du chemin de fer La Paz-Antofagasta, à 233 kilomètres de la première et 930 kilomètres de la dernière ville. Point de départ de la ligne Oruro-Cochabamba (211 kilomètres).

   87.000 habitants. Climat frais, les nuits froides.

   Grand centre minier : étain, argent, cuivre, antimoine, wolfram, etc....

   Dans les environs immédiats de la ville, se trouvent les célèbres mines d'étain de Simon I. Patino. Beaucoup de maisons d'importation d'Oruro traitent directement avec l'étranger.

4. **Potosi** : Chef-lieu du département du même nom. 4.100 mè-

tres d'altitude (13.600 pieds). Climat froid. En raison de l'altitude, la visite de cette ville n'est recommandée qu'aux personnes dont le cœur est en parfait état. Prendre l'avis du médecin.

31.000 habitants.

Potosi est reliée à la ligne La Paz-Antofagasta par un embranchement qui part de la Station Rio-Julato, située à 441 kilomètres au Sud de La Paz ; le trajet de Rio-Julato à Potosi dure environ 9 h. 1/2.

Centre minier connu depuis des siècles : argent, étain, wolfram, cuivre, plomb. Quelques maisons d'importation de Potosi traitent directement avec l'étranger.

5. Cochabamba : Chef-lieu du département du même nom. 2.550 mètres d'altitude (8.435 pieds). A 211 kilomètres d'Oruro, auquel la ville est reliée par un embranchement de la ligne La Paz-Antofagasta ; trajet : dix heures environ. Climat doux.

32.900 habitants.

Centre d'une région agricole et minière. La ville dessert toute la partie orientale de la Bolivie. Commerce important se développant chaque année. Relations directes avec l'étranger.

6. Santa-Cruz : Chef-lieu de la province du même nom. Environ 475 mètres d'altitude (1.500 pieds). Climat chaud.

30.000 habitants.

1.164 kilomètres de La Paz, 447 kilomètres de Cochabamba, 462 kilomètres de Sucre. La meilleure voie d'accès, route carrossable de Cochabamba, via Totora et Samaipata ; de Sucre, à dos de mulet.

Centre d'une riche région agricole, mais, en raison de l'éloignement de la ville et des mauvaises communications, le commerce est encore relativement peu important. L'importation est assurée principalement par les maisons de Cochabamba et vient en partie de l'Argentine, via Yacuiba.

La valeur économique de la ville sera grandement relevée après la construction du chemin de fer projeté Cochabamba-Santa-Cruz-Puerto-Suarez et l'établissement des lignes de navigation aérienne.

Economie nationale

AGRICULTURE. — On évalue à environ 2 millions d'hectares la superficie des terres arables, alors qu'elle pourrait être environ 50 fois supérieure à ce chiffre. La terre est travaillée avec des moyens rudimentaires et l'irrigation reste insuffisante.

La production de maïs, de la pomme de terre, de l'orge, de la quinua (sorte de millet), du blé, de l'avoine et des haricots est juste suffisante pour la consommation intérieure.

Des plantations importantes de café sont exploitées dans le Beni et le département de Santa-Cruz. Le caoutchouc, qui fut exploité sur une grande échelle dans le bassin amazonique (Territoire de Colonias), ne présente qu'une importance secondaire depuis la crise que subit ce produit.

Les forêts de la Bolivie renferment en outre de nombreuses espèces de bois précieux, mais, toujours en raison du manque de transports, cette richesse est inexploitée.

La culture la plus lucrative est celle de la coca, entreprise dans les vallées des départements de La Paz et de Cochabamba ; la récolte est entièrement absorbée par la consommation nationale.

Malgré des conditions particulièrement avantageuses, l'élevage est encore à l'état embryonnaire. La Bolivie dispose de plus d'un million d'hectares de pâturages dans les régions orientale et centrale, avec un troupeau de plus de 500.000 bêtes à cornes et de près d'un million de moutons, 250.000 chèvres et plus de 200.000 lamas.

INDUSTRIE. — Les industries manufacturières sont très peu développées. Elles se bornent à la fabrication limitée de produits trouvant un écoulement local immédiat et dont la matière première est abondante sur place. Ainsi on trouve dans les principales villes, à La Paz, Oruro, Potosi, Cochabamba, un certain nombre de fabriques de sucre brut, de produits alimentaires, des brasseries, des fabriques de chaussures, de bougies, de savon, de lits, clous, etc..., des manufactures de tabac, d'allumettes, des menuiseries (cette industrie prend une certaine extension), des tanneries, quelques filatures de laine et de coton, etc... Toutes ces industries, du reste, doivent se borner à pourvoir à la consommation des principaux centres du Haut-Plateau, car en raison des distances et des prix de transport à dos de bête, leurs produits peuvent difficilement atteindre les régions qui ne sont pas traversées par les voies ferrées.

Il existe quelques fabriques de tissus grossiers destinés à l'usage exclusif des indigènes, mais, en général, les Indiens continuent encore à tisser eux-mêmes les « tocuyos », vêtement rudimentaire ; ils font également eux-mêmes les « ojotas », sorte de sandales romaines, ainsi que des objets en argent (mates, vaisselle, etc...).

L'éclairage, les tramways et les téléphones de La Paz et de ses environs, qui étaient concédés à une Société française, ont été repris en 1925 par une entreprise canadienne.

MINES. — La véritable industrie nationale, c'est l'exploitation minière.

Il a été dit que le sous-sol de la Bolivie contient tous les métaux connus. Bien avant la conquête espagnole, les indigènes exploitaient déjà des mines d'argent et d'or.

Actuellement, en raison du manque des capitaux et des difficultés de transport, on exploite seulement une partie, relativement faible, des richesses minières du pays. Les métaux extraits sont : l'étain, l'argent, le cuivre, le plomb, le zinc, le bismuth, l'antimoine et le wolfram.

ETAIN. — La Bolivie est le deuxième pays, après les Etats de Malaisie, pour la production de l'étain. C'est de la situation de ce métal sur les marchés mondiaux que dépend en grande partie la vie économique du pays.

Les gisements d'étain sont d'une étendue et d'une richesse exceptionnelles, et la quantité en est si considérable qu'ils ne sauraient être épuisés avant un grand nombre d'années.

L'appauvrissement progressif des Mines de Malaisie, d'une part, et, de l'autre, la demande de plus en plus forte d'étain pour les besoins de l'industrie moderne, justifient les cours élevés atteints par ce métal pendant ces dernières années, et permettent à la Bolivie d'envisager l'avenir avec confiance.

Les gisements les plus riches se rencontrent dans le département d'Oruro, qui fournit plus du tiers de la production totale, et dans ceux de La Paz, Potosi et Cochabamba.

Les Sociétés minières d'exploitation de l'étain les plus connues sont les suivantes :

Patiño Mines Consolidated, qui exploite les Mines de « Llallagua » et « La Salvadorena-Uncia-Patiño », situées à Llallagua et à Uncia, dans le département de Potosi. Ces mines sont la propriété presque exclusive d'un Bolivien, M. Simon I. Patiño, le « Roi de l'Etain ». La production moyenne annuelle de cette Compagnie est de 25.000 tonnes de barillas de 70 % ;

Compania Minera y Agricola Oploca de Bolivia, dont les mines sont situées à Chichas (département de Potosi) ;

Caracoles Tin C° of Bolivia, qui exploite les gisements de Caracoles dans la province de Inquisivi ;

La Société « Aramayo » est propriétaire des mines importantes d'étain et d'argent dans la région Queschisla, près de Jupiza ;

Empresa de Estaño de Araca, dont les mines se trouvent à Araca (province de Loaiza) ;

Sociedad Estañifera Morococala, ses mines sont situées dans la province de Cercado, près d'Oruro.

ARGENT. — La Bolivie est connue comme un des trois pays qui ont produit le plus d'argent (les deux autres sont le Mexique et l'Australie). Ce métal, soit sous forme de composés sulfurés, soit associé à des oxydes d'étain ou à des minerais de plomb, tient une place considérable dans la minéralisation de la Cordillère Royale et de ses ramifications.

La quantité des mines et des riches filons est incalculable, mais le plus grand nombre avait été abandonné, d'autres avaient suspendu ou réduit leurs travaux. Il ne restait que quelques entreprises, parmi les plus importantes, qui travaillaient normalement. Cette situation était surtout due au manque de capitaux, de bons moyens de transport, de matériel pour l'épuisement de l'eau, ainsi qu'à la baisse du prix du métal argent qui a longtemps paralysé les exploitations.

Dernièrement, grâce à une certaine stabilisation dans les cours, aux moyens de communication plus développés dans certaines régions, un accroissement notable de l'activité s'est manifesté dans cette industrie.

Le département de Potosi est celui qui possède les plus nombreux et les plus riches gisements (certains minerais contiennent jusqu'à 50 et même 80 % d'argent fin), parmi lesquels il faut citer le fameux Cerro de Potosi et les Mines de Pulacayo.

Ces dernières sont la propriété de la « Compagnie Huanchaca de Bolivia » et connues comme les plus riches de l'Amérique du Sud.

Viennent ensuite les départements de Chuquisaca, La Paz, Oruro et Cochabamba, qui renferment de grandes réserves de minerai.

Cuivre. — De toutes les richesses du sous-sol bolivien, le cuivre est, après l'étain, une des plus importantes par l'abondance, la qualité et la teneur des gisements qui s'offrent à l'exploitation industrielle. Il est répandu dans toute la chaîne orientale des Andes, mais son exploitation est rendue extrêmement difficile par suite du manque de voies de communication. Les gisements les plus connus sont ceux de Corocoro, qui sont reliés à la voie ferrée d'Arica à La Paz par un embranchement (Tarija à Corocoro), qui appartient à la « Corocoro United Copper Mines ».

Il faut encore mentionner les minerais de plomb, zinc, antimoine, bismuth, dont les exportations ont atteint des chiffres intéressants au cours de ces dernières années.

Au point de vue pétrolier, l'avenir du pays est plein de promesses. Au début de 1929, la production pétrolière bolivienne s'élevait à 6.000 barils par jour.

Commerce extérieur

Le tableau qui suit montre le mouvement du commerce extérieur de la Bolivie au cours des années 1915-1928 :

ANNÉES	EXPORTATIONS £	IMPORTATIONS £	TOTAL £	BALANCE £
1927...........	9.011.134	4.687.216	13.698.350	4.323.918
1926...........	8.945.510	5.164 782	14.110.292	3.780.728
1925...........	8.697.964	4.963 081	13.661.045	3.734.883
1924...........	9.296.000	5.040.000	14.336.000	4.256.000
1923...........	8.612.000	5.032.000	13.644.000	3.580.000
1922...........	7.897.463	4.424.344	12.826.807	3.473.119
1921...........	5.576.620	5.904.429	11.481 049	327.809
1920...........	10.594.000	4.423.000	15.017.000	6.171.000
1919...........	11.576.000	4.475.000	16.051.000	6.601.000
1918...........	14.654.000	2.810.000	17.464.000	11.844.000
1917...........	12.660.000	2.690.000	15.350 000	9.970.000
1916...........	8.118.784	2.487.857	10.606.641	5.631.927
1915...........	7.616.828	1.845.596	9.462.424	5.771.232

Le mouvement du commerce extérieur de la Bolivie est fonction de la situation des métaux sur les marchés internationaux et notamment de celui de l'étain, pour lequel Londres reste le grand débouché mondial. Une crise de l'industrie minière a sa répercussion immédiate sur la vie économique du pays dont la capacité d'absorption varie selon les bonnes ou mauvaises années pour l'étain, l'argent, le plomb et l'antimoine. Environ trois quarts de la valeur globale de l'exportation bolivienne sont représentés par l'étain ; viennent ensuite l'argent, le caoutchouc, le plomb et le cuivre. Parmi les pays de destination, la place dominante est occupée par l'Angleterre, vers laquelle est dirigé environ 80 % du montant total de l'exportation ; la deuxième place est détenue par les Etats-Unis du Nord, viennent ensuite l'Argentine, le Brésil, la Belgique, l'Allemagne, la France, le Chili, etc...

En ce qui concerne les importations en Bolivie, un revirement s'est produit pendant la grande guerre. Tandis qu'en 1913, c'était l'Angleterre qui avait la première place dans le commerce d'importation, suivie par l'Allemagne et les Etats-Unis, pendant et après la guerre, cette dernière puissance a pris le premier rang, doublant en quelques années son chiffre d'affaires.

Cette situation est surtout due au fait que les Etats-Unis, trouvant pendant la guerre un marché libre de toute concurrence, s'implantèrent solidement dans le pays dont ils travaillèrent inlassablement la clientèle. D'autre part, comme le signale à juste titre M. Walle, le capital nord-américain occupe dans la vie économique de la Bolivie une place de premier plan et la plupart des commandes en outillage et machinerie minière, chemins de fer, etc..., sont automatiquement placées aux Etats-Unis.

Les Anglais occupent actuellement le deuxième rang (cotonnades, tissus, divers articles manufacturés), suivis par le Chili (produits alimentaires, boissons, etc...) et par l'Allemagne (produits divers), dont le chiffre d'affaires est en progression constante.

La France, bien qu'en léger progrès au cours des années 1925-1927, n'occupe que la neuvième place dans l'importation bolivienne.

Le tableau ci-après reproduit le total des ventes des principaux pays important en Bolivie pour les années 1922-1927 :

	1922	1923	1924	1925	1926	1927
États-Unis. Bs.	11.932.033	15.391.883	17.941.605	18.338.875	20.400.600	19.104.33[illegible]
Angleterre. »	10.850.737	13.582.223	13.122.882	13.530.811	15.386.450	12.824.36[illegible]
Chili..... »	10.411.865	8.384.602	7.932.747	8.387.569	»	»
Allemagne. »	2.797.488	6.673.249	7.009.022	7.864.999	8.124.950	7.073.22[illegible]
Belgique... »	919.948	1 823.183	1.407.707	3.660.932	1.376.088	2.842.50[illegible]
Argentine. »	3.087.600	3.846.103	2.862.504	3.582.880	»	»
Italie..... »	1.471.806	2 055.529	2.539.781	2.987.085	1.073.213	3.503.56[illegible]
Pérou..... »	3.715.282	4.319.139	3.840.750	2.528.061	»	»
France.... »	1.243.351	1.477.482	1.913.314	2.374.307	2.506.638	2.842.506
Brésil .... »	863.393	1.060.638	831.591	994.830	»	»

Il est certain qu'en faisant connaître davantage les produits des industries françaises et s'adaptant mieux aux exigences du marché bolivien, les exportateurs français peuvent arriver à développer considérablement leur chiffre d'affaires en Bolivie, où une réelle sympathie est acquise à la France.

Informations consulaires

Légation de France à (2). ***

Consulats français en Bolivie :

Consulat général à (2) ;

Agents consulaires à (5), (4), (3) et (6) ;

Légation de Bolivie en France : 4, rue de Montevideo, Paris.

Consulats boliviens en France :

Consulat général : 4, rue de Montevideo, Paris ;

Consulats à Bayonne, Biarritz, Bordeaux, Cognac, La Rochelle, Le Havre, Marseille, Saint-Nazaire, Strasbourg ;

Vice-Consulats : Lille, Limoges, Lyon, Lombez, Menton, Nantes, Vichy.

Attaché commercial français : M. Chayet (en résidence à Santiago-Chili).

*** Les chiffres entre parenthèses renvoient aux numéros d'ordre qui affectent chacune des villes énumérées précédemment ; ainsi : (2) signifie La Paz.

Communications

Dépourvue de côtes, la Bolivie dépend pour son commerce extérieur surtout des ports chiliens d'Antofagasta et d'Arica, ainsi que du port péruvien de Mollendo. Ce sont donc principalement les Compagnies de Navigation dont les navires visitent ces ports qui doivent être employées dans les relations commerciales avec la Bolivie. (Voir notes sur le Chili et le Pérou.)

Une faible partie du commerce extérieur est acheminée par l'Argentine et le Brésil. Par contre, après la construction de la ligne Uyuni-La Quiaca établissant la communication directe de Buenos-Aires à La Paz, les voyageurs venant d'Europe empruntent de préférence cette voie, comme étant la plus rapide et la mieux desservie.

Il n'est pas délivré de connaissements directs pour les localités du pays ; ils sont signés jusqu'au port de transit et doivent être établis à la consignation d'un représentant dans ce port.

Les cargos de la Compagnie Transatlantique assurent le service direct avec le port d'Arica. Le trajet dure environ 45 jours. Les départs ont lieu du Havre, le 3 et le 15 de chaque mois. Un des cargos fait escale à Bordeaux.

Chemins de fer

Le réseau en exploitation est de 1.947 kilomètres. Bien que les voies ferrées existantes soient encore insuffisantes, elles relient déjà les principales villes du Haut-Plateau entre elles et établissent la jonction avec le Pérou, le Chili et l'Argentine. Des progrès notables ont été réalisés en peu d'années, malgré les grandes difficultés topographiques et la pénurie des capitaux. Quelques lignes sont en construction (celle reliant Potosi à Sucre est virtuellement terminée) et d'autres en projet. Parmi ces dernières, la ligne Cochabamba-Santa-Cruz, Santa-Cruz-Puerto-Suarez permettrait un débouché rapide des grandes richesses de cette région vers le Brésil.

Les principales lignes livrées à la circulation sont les suivantes :

1° La Paz-Buenos-Aires. Partie bolivienne : Uyuni-La Quiaca (295 kilomètres) ;

2° La Paz-Antofagasta (1.163 kilomètres). Partie bolivienne : La Paz-Ollague (722 kilomètres) ;

3° La Paz-Arica (446 kilomètres). Partie bolivienne : La Paz-Charana (262 kilomètres) ;

4° La Paz-Mollendo (856 kilomètres). Partie bolivienne : La Paz à Guaqui (98 kilomètres).

Du tronçon La Paz-Uyuni partent les embranchements vers Cochabamba, Uncia et Potosi. Des voies d'embranchement desservent également les principaux centres miniers du Haut-Plateau.

Voies navigables et Routes

La navigation fluviale rend de grands services au pays. Sur près de 19.000 kilomètres de rivières navigables, 10.000 kilomètres sont accessibles aux bateaux à vapeur calant de 4 à 5 pieds. Les voies les plus usitées sont celles du bassin amazonique ; à l'est et au sud, le Rio Paraguay est navigable sur une grande partie de son parcours.

On trouve quelques routes carrossables sur le Haut-Plateau et deux ou trois routes automobiles dans les environs immédiats de La Paz. Mais, en général, là où les voies ferrées et les rivières font défaut, les transports à l'intérieur du pays sont effectués par bêtes de somme (mules, ânes et lamas), sur des sentiers et pistes qui deviennent à peu près impraticables à la saison des pluies. Les marchandises acheminées à dos des bêtes de somme doivent être emballées en colis de dimension et de poids très réduits.

Il a été établi dernièrement un projet de réseau routier carrossable pour tout le pays, mais la réalisation de ce projet est subordonnée à l'obtention de capitaux considérables.

Aviation commerciale

Bien qu'encore à ses débuts, l'aviation est appelée à jouer un rôle particulièrement important dans le développement économique de la Bolivie.

L'avion rendrait en effet possibles les communications rapides entre les divers centres du pays les plus isolés et pour de longues années encore inaccessibles aux chemins de fer.

Une importante Compagnie d'Aviation commerciale, le *Lloyd Aero Boliviano,* s'est organisée, il y a quelque temps et, avec l'appui financier du Gouvernement, a créé une première ligne aérienne, sur laquelle fonctionne actuellement un service régulier de Fokkers et qui réunit Cochabamba à Santa-Cruz. La distance qui sépare ces deux villes (340 kilomètres à vol d'oiseau) est franchie en 4 heures de vol, alors qu'elle nécessitait souvent un voyage pénible d'une douzaine de jours par le chemin muletier.

Une autre ligne, allant de Santa-Cruz à Yacuiva (500 kilomètres à vol d'oiseau), a été inaugurée tout récemment. Elle met Santa-Cruz à 4 heures de la frontière argentine, au lieu de 15 jours nécessaires auparavant pour faire le même trajet à dos de mule. De Yacuiva, il faut à peine plus de deux jours pour se rendre à Buenos-Aires.

D'autres lignes sont à l'étude, parmi lesquelles celles de Cochamba-Trinidad-Riberakta et de Santa-Cruz-Puerto-Suarez, qui mettraient à quelques heures du centre du pays ces régions jusqu'à ce jour absolument isolées. Ces deux dernières lignes sont en exploitation depuis 1928.

Il faut souligner le grand développement dont est susceptible ce moyen moderne de locomotion, appelé en Bolivie plus qu'en tout autre pays sud-américain à rendre d'inappréciables services. Les constructeurs français devraient porter leur attention vers l'intéressant marché qui leur est offert et qui leur serait encore favorable pour peu qu'ils veuillent y faire connaître et pénétrer leur matériel, malgré l'activité toujours croissante de nos concurrents.

Poste et Télégraphe

On compte 366 bureaux de poste, 117 stations de télégraphe, avec 6.133 kilomètres de lignes.

Des stations de T. S. F. relient entre eux non seulement les principaux centres du Haut-Plateau, mais aussi les localités les plus isolées et distantes.

Le réseau téléphonique comporte 12 circuits urbains avec 2.097 kilomètres de fils. Le service postal, télégraphique et radio-télégraphique a été concédé en 1926 pour une durée de 25 années à la Marconi Wireless C° Ltd de Londres.

Une lettre de Paris parvient à La Paz en 25 jours. L'Administration des Postes boliviennes n'admet pas les coupons-réponse internationaux ; quant aux échanges de mandats internationaux, ils n'ont lieu qu'avec les Etats-Unis du Nord.

Les lettres et boîtes de valeurs déclarées, les envois contre remboursement et les recouvrements ne sont pas admis.

La Bolivie admet les télégrammes différés, urgents, rédigés en langage secret, multiples, à faire suivre, à remettre en mains propres et les accusés de réception télégraphiques urgents.

Poids et Mesures

Le système métrique est officiellement adopté et d'un usage général dans le commerce avec l'étranger ; toutefois, quelques anciennes mesures espagnoles sont encore employées, notamment la vara de 3 pieds de longueur pour les tissus, la livre de 460 grammes, etc...

Monnaie et Banques

L'unité monétaire est le boliviano, qui se divise en 100 centavos. Au pair un boliviano équivaut à : 2.01 francs-or ; 38.9 cents ; 19.2 pence.

Il n'a pas été frappé de monnaie or bolivienne ; en vertu de la loi du 31 décembre 1908, les pièces d'or britanniques et péruviennes ont reçu cours légal et illimité au taux de 12 1/2 bolivianos pour une livre sterling.

Depuis la guerre, la circulation des pièces d'or a pratiquement cessé et les billets de banque étaient inconvertibles.

A la suite des travaux de la mission Kemmerer, une réforme a été entreprise et consacrée par la loi du 11 juillet 1928. Le boliviano contient maintenant 0.54917 grammes d'or fin et la nouvelle parité s'établit à 1 £ sterling = Bolivianos 13,333 ou 18 pence le boliviano. La convertibilité en or des billets de banque est rétablie. La frappe des monnaies d'or et d'argent nationales est décidée. Les pièces d'or britanniques et péruviennes continuent à avoir cours légal au taux de Bs 13,333 la livre sterling, ainsi que les dollars américains au taux de Bs 2,7399 le dollar.

Le change bolivien qui, antérieurement à la réforme monétaire, était sujet à des fortes fluctuations, s'est stabilisé au cours de l'année 1928 au niveau de la nouvelle parité, 18 pence le boliviano.

Le privilège du Banco Central de Bolivia (banque d'émission) a été renouvelé pour 25 ans, la couverture or de l'émission ne devant pas être inférieure à 50 % du montant du papier-monnaie mis en circulation.

Toutes les banques établies en Bolivie sont tenues de souscrire aux actions de la banque d'émission jusqu'à concurrence de 15 % de leur propre capital social (réserves comprises).

Une autre loi votée en 1928 établit un contrôle permanent de toutes les banques fixées en Bolivie et réglemente leurs opérations.

Les principales banques établies en Bolivie sont les suivantes :

NOM DE LA BANQUE	SIÈGE	SUCCURSALES
Banco Central de Bolivia (banque d'émission).........	(2)	(5), (4), (1), (3), (6).
Banco Nacional de Bolivia	(1)	(5), (4), (1), (3), (6).
Banco Mercantil................	(3)	(5), (4), (1), (6).
Banco Alemàn Transatlantico	Berlin	(2), (3).

Usages commerciaux et bancaires

Les maisons étrangères traitant avec la Bolivie accordent généralement des crédits assez longs à leurs clients. Ainsi les Allemands et les Nord-Américains donnent couramment des facilités de paiement à 90, 120 jours et plus, et envoient à leurs représentants beaucoup de marchandises en consignation.

Les ventes se font généralement aux conditions suivantes : Acceptation d'une traite à 60 ou 90 jours (ou plus) de vue contre remise des documents d'expédition. Cette acceptation se fait par l'intermédiaire de la banque à laquelle les documents ont été envoyés par l'expéditeur. Il est utile de stipuler dans le contrat de vente si le paiement s'entend au change à vue ou au change à X jours de vue, car le pays manque souvent de devises étrangères. Les banques se chargent de l'acceptation, de l'encaissement et du protêt des traites non payées ou non acceptées.

En cas de vente avec paiement différé, le vendeur peut se réserver un gage sur la marchandise vendue : les contrats de ce genre ne soulèvent pas de difficultés dans le commerce bolivien.

Les taux d'encaissement des banques sont assez élevés, même pour La Paz, et augmentent considérablement avec l'éloignement de la capitale (ainsi le taux d'encaissement à Santa-Cruz est de 2 % et atteint 5 % à Riberalta).

Sur instructions des clients, les banques se chargent de prolonger les traites : elles escomptent également les bonnes signatures.

Moyens de pénétration

Etude du marché. — Ceci comporte, comme pour tous les pays de l'Amérique du Sud, l'examen minutieux des besoins, des goûts et de la mentalité particulière de la clientèle, ainsi que des modalités et des conditions de vente de la concurrence contre laquelle il faudra lutter. Cette étude pour chaque article spécial devra être faite par les intéressés eux-mêmes.

En général, la Bolivie offre aux produits français, malgré sa population restreinte et le petit nombre de ses grands centres de population, des débouchés intéressants. Le pays est en plein développement économique, sa prospérité future étant assurée par l'existence d'inépuisables réserves minérales. Ses besoins augmentent de jour en jour ; des industries commencent à naître. Dans un avenir proche, les voies ferrées, le transport automobile et l'aviation commerciale ouvriront un accès rapide aux régions jusqu'ici isolées.

Notre Attaché commercial, M. Paul Walle, dans son excellente monographie sur la Bolivie, signale notamment les articles suivants susceptibles d'être livrés à la Bolivie par l'industrie française : les produits chimiques et pharmaceutiques, les produits alimentaires, conserves, liqueurs, les tissus de laine et de coton, une certaine quantité d'articles de luxe, objets d'art, bijoux, soieries, modes, etc... Les robes de soie, la lingerie de luxe, etc..., sont toujours en grande faveur auprès des dames de la haute société bolivienne, qui suivent les variations de la mode et aiment être habillées au dernier cri. A ce sujet, il est utile de recommander à nos commerçants de n'envoyer que des articles de bon goût, et de lutter contre leur regrettable tendance de ne destiner à l'exportation que des articles de second ordre.

Nous pouvons également vendre à la Bolivie des essences, parfums, divers textiles (lin, chanvre), des broderies, dentelles, fourrures, gants, des confections, des vêtements de travail pour les ouvriers des mines, des métaux préparés, tôle ondulée, tôle lisse, fil de fer, etc... ; des articles manufacturés de toutes sortes, quincaillerie, instruments de chirurgie, optique, précision, etc... ; cristaux, verres ; des explosifs, du matériel électrique, du matériel minier (machines-outils, pompes, etc..., toutefois, pour ces derniers articles, nous serions en lutte difficile avec les Etats-Unis) ; du matériel agricole, moteurs divers, etc... ; des papiers d'imprimerie, pour journaux, etc..., etc...

L'état actuel du réseau routier ne permet pas de gros débouchés à notre industrie automobile, mais de gros efforts sont faits actuellement pour l'amélioration des chemins. Des routes carrossables sont construites aux environs des principaux centres et dans certains établissements miniers. Dans ces derniers, l'utilisation de camions légers et de camionnettes tend à se développer de plus en plus. En quelques années, le nombre de véhicules à moteur s'est considérablement accru et le marché de l'automobile promet de devenir intéressant avant peu. Notre industrie a l'occasion de prendre une bonne place dans cette importation, mais elle devra lutter contre la concurrence nord-américaine qui, par des conditions plus avantageuses, réussit toujours à s'imposer sur le marché.

Il existe actuellement en Bolivie un grand intérêt pour le développement de l'aviation commerciale. Les Allemands, les Américains ont, grâce à des tournées de propagande, vols, exhibitions, etc..., réussi à obtenir de grosses commandes en matériel volant. Nous avons, de notre côté, fait des tentatives, qui ont été de suite récompensées par l'achat de quelques appareils, mais notre effort est trop limité si on le compare à celui de nos concurrents, et cela est d'autant plus regrettable que les Boliviens, qui connaissent la supériorité de notre industrie en cette matière, seraient particulièrement bien disposés à notre égard.

PUBLICITÉ. — La publicité est ici, comme dans toute l'Amérique du Sud, un des plus sûrs moyens de s'imposer. La publicité française est à peu près inexistante en Bolivie, tandis que nos concurrents, et notamment les Nord-Américains, ne négligent aucune occasion, soit par réclames, soit par voie de presse, de signaler leurs produits à l'attention publique.

En ce qui concerne la publicité de presse, quoiqu'elle n'atteigne qu'un cercle restreint de consommateurs (car les 70 % de la population sont illettrés), l'expérience a cependant prouvé qu'elle est la plus efficace et la plus rapide. Les principaux journaux quotidiens sont : à La Paz : *La Razon, La Republica, El Tiempo, El Diario* ; à Sucre : *La Prensa, El Laboro, El Pais.*

La Prensa, de Buenos-Aires, et *Le Mercurio,* d'Antofagasta, sont également lus dans les principaux centres traversés par le réseau ferré bolivien.

On a également recours à la publicité murale et celle des transports en commun des villes.

Les catalogues, circulaires, ainsi que la correspondance échangée avec les importateurs boliviens, doivent de préférence être rédigés en langue espagnole.

REPRÉSENTATION LOCALE. — Il est presque indispensable pour la bonne marche des affaires suivies d'avoir un agent sur place. « Tôt ou tard, écrit M. WALLE, les maisons qui traitent directement sans agents supportent des pertes inévitables, source de litiges et réclamations diverses. »

Beaucoup de nos industriels et commerçants croient suffisant, pour se créer de nouvelles relations commerciales, de demander des listes de maisons avec lesquelles ils désirent traiter, sans être autrement documentés sur la solvabilité de ces clients éventuels, les possibilités de débouchés de leurs articles, l'activité de la concurrence, les conditions et usages pratiqués.

Sauf exception, il est à conseiller de désigner sur place un agent qui aura été préalablement choisi par le voyageur de la maison ou par une personnalité officielle compétente.

Voyageurs de commerce

L'agent local ne dispense pas du voyageur de commerce, au contraire, l'un complète l'autre. Il est donc recommandé d'envoyer régulièrement des voyageurs qui peuvent organiser une tournée englobant l'Angentine, le Chili, le Pérou et la Bolivie.

ITINÉRAIRES. — En Bolivie, leur visite commencera généralement par La Paz. Quatre lignes conduisent à la ville principale et au Haut-Plateau :

1° Buenos-Aires-La Paz. Durée : 3 jours ½. Coût : Bs, plus $ argentins 126 ;

2° Antofagasta (Chili)-La Paz. Durée : 43 heures. Coût : Bs 68, plus £ 4.15.0 ;

3° Arica (Chili)-La Paz. Durée : 22 heures. Coût : £ 5 ;

4° Mollendo (Pérou)-La Paz (transbordement sur le Lac Titicaca). Durée : 52 heures. Coût : £ 11.

(Dans le coût du billet sur les quatre lignes est compris la couchette.)

Les voyageurs ne devront pas se borner à la visite de la ville principale.

Il est tout indiqué de compléter la tournée par un court voyage à Oruro, Cochabamba, Potosi et Sucre, qui sont les centres de commerce les plus importants. Une visite aux régions minières de Corocoro, Huanchaca et Uncia peut également présenter un intérêt pour certaines branches de commerce ayant trait aux mines.

De La Paz, le train mène directement, en quelques heures, à Oruro, dont elle est distante de 233 kilomètres.

D'Oruro par l'embranchement de Cochabamba (195 kilomètres).

De Cochabamba, on peut se rendre à Santa-Cruz par l'un des avions du Lloyd Aéreo Boliviano, quatre heures de vol.

De retour à Oruro, on continue sur la voie ferrée jusqu'à Rio-Mulato, d'où l'on prend l'embranchement sur Potosi. Cette dernière ville est située à 384 kilomètres d'Oruro.

La ligne de chemin de fer Potosi-Sucre n'étant pas encore terminée, on se rend à la capitale nominale de la Bolivie par voiture.

Quelques embranchements mènent à différents centres miniers, dont les principaux sont : Mochacamarca (à quelques kilomètres d'Oruro) ; Uncia (mines de Patino) ; Uyuni ; Huanchaca ; Corocoro, sur la ligne d'Arica à La Paz, à 4 heures de cette dernière ville.

Saisons et conditions hygiéniques. — Pour voyager en Bolivie, il est préférable de choisir la saison sèche, de mai à novembre, qui comprend l'automne, l'hiver et une partie du printemps. Pendant l'été, saison des pluies torrentielles, les rivières débordent et les routes à l'intérieur du pays deviennent impraticables autrement qu'à dos de mulet. En général, il n'existe pas en Bolivie de régions nettement insalubres, ni de maladies endémiques. Les fièvres intermittentes sont — sous une forme assez bénigne — fréquentes dans les yungas et les régions chaudes. Le paludisme règne dans la région du Beni et dans les forêts du système amazonien. On le combat facilement par une hygiène sévère et une alimentation appropriée. Il est recommandé d'être vacciné contre la fièvre typhoïde et la petite vérole.

Les voyageurs peu habitués aux séjours à des grandes altitudes ressentent au début, quand ils arrivent par le Haut-Plateau, les effets du mal des montagnes, malaises sans gravité pour les personnes ne souffrant pas d'affections cardiaques ou des voies respiratoires ; l'acclimatement est dans ces cas rapide.

Passeports et taxes. — Toute personne se rendant en Bolivie doit être munie d'un passeport visé au Consulat bolivien, à Paris, ou par le Consulat bolivien du dernier pays visité. Il est bon, en outre, d'être pourvu d'un certificat de bonne vie et mœurs et d'un certificat de vaccination.

Les voyageurs de commerce sont soumis aux taxes spéciales prélevées par les Municipalités ; les licences délivrées sont valables pour une année et permettent l'exercice de tout genre de commerce. Ces taxes sont assez élevées et varient entre 250 Bs (La Paz) et 1.000 Bs (Cochabamba).

Afin d'éviter les taxes, les voyageurs font souvent leurs tournées sous les auspices des maisons locales, à titre de leurs représentants.

Echantillons, Imprimés de publicité. — Les voyageurs peuvent importer, sans payer les droits de douane, les échantillons sans valeur commerciale. Les préposés aux douanes ont l'habitude de détériorer les échantillons, de façon à les rendre invendables.

Les échantillons ayant une valeur commerciale peuvent

être exempts de droits sous caution et doivent être réexportés dans les 120 jours. Les imprimés de publicité apportés par le voyageur, tels circulaires, cartes, catalogues, brochures, etc..., paient les droits de douane au poids brut suivant la matière ; les droits varient de $ 0,015 la livre à $ 0,076.

HÔTELS. — Le prix de la pension dans les hôtels des principales villes varie de 75 à 150 francs par jour.

On obtient des arrangements spéciaux pour des séjours dépassant une semaine. A La Paz, on trouve quelques hôtels passables, dont l'Hôtel Central et le Royal (15 à 18 Bs par jour) ; le plus recommandé est l'Hôtel de Paris, Plaza Murillo (Bs 20), où l'on obtient un confort très satisfaisant.

Adjudications publiques

Il est rarement procédé à des adjudications publiques, les marchés avec l'Etat se faisant le plus souvent de gré à gré. Pour pouvoir traiter les affaires avec les Administrations, les fournisseurs ont tout intérêt à avoir un représentant sur place.

Tarif douanier

Un nouveau tarif a été promulgué le 1er octobre 1927. Les modifications principales qu'il apporte sont les suivantes :

1° Diminution du nombre d'articles et simplification de la nomenclature ;

2° Augmentation de 25 à 35 % des droits sur les objets de grande consommation, tels farine, sucre, textile, produits d'étain, savon parfumé, etc... Cette majoration a pour but d'encourager la production agricole du pays, ainsi que certaines industries locales ;

3° Diminution, allant jusqu'à 50 %, des droits sur des objets manufacturés ne concurrençant pas l'industrie locale ;

4° Exemption ou réduction de droits pour les matières premières nécessaires à l'industrie nationale.

Les droits sont généralement *ad valorem*, le taux le plus fréquent étant de 10 à 15 % de la valeur des marchandises.

En plus des droits de douane, les marchandises importées

sont soumises à des taxes diverses, tels : droits de statistique (0,10 % de la valeur des marchandises), droits de « déchargement » (15 centavos les 100 kilos), « fonds des églises » (20 centavos les 100 kilos), « fonds des chemins de fer » (1 centavo par kilo).

Colis postaux. — La surtaxe de 30 % sur les droits de douane, appliquée dernièrement à toutes les marchandises importées en Bolivie par colis postaux, est supprimée.

Echantillons. — Les échantillons sans valeur sont exempts de droits ; ceux présentant une valeur commerciale paient les droits qui sont remboursés à la réexportation.

Entrée en douanes. — La marchandise doit entrer en douane dans les 48 heures de l'arrivée. Pour chaque jour de retard, il sera perçu une amende de 0,05 boliviano par 25 kilos ou fraction. L'amende est doublée pour les objets inflammables.

Entrepôt de Douanes. — La marchandise peut rester en entrepôt non dédouanée, 30 jours ; sur demande, le séjour peut être prolongé jusqu'à un an.

A l'expiration de ce délai, la marchandise est vendue aux enchères publiques et le fisc recouvre les droits de douane et d'entrepôt.

Les droits d'entrepôt sont de 0,15 bolivianos les 100 kilos, plus une prime d'assurance.

Articles prohibés. — L'importation des eaux-de-vie et alcools étrangers est prohibée.

Documents exigés

Connaissements, factures consulaires, factures commerciales.

Le visa des connaissements. — Le visa des connaissements par le Consul du lieu d'expédition est obligatoire, mais gratuit.

Factures consulaires. — Langue requise : espagnol.

Nombre d'exemplaires : cinq (5) [six pour les marchandises transitant par le port chilien de Arica].

Coût du visa de la facture : 6 % sur la valeur de la facture. La perception des droits est actuellement effectuée par les autorités douanières, à l'arrivée de la marchandise en Bolivie. La facture commerciale doit être jointe à l'appui de la facture consulaire.

Lieu du visa : port d'embarquement.

Les factures des colis postaux expédiés à Paris peuvent être visées au Consulat général.

Remarque. — Sont dispensés de la formalité des factures consulaires, les envois d'échantillons et les bagages des passagers, jusqu'à concurrence d'une valeur de 100 bolivianos, ainsi que les expéditions de marchandises ne dépassant pas une valeur de 200 bolivianos.

On recommande aux expéditeurs de marchandises à destination de la Bolivie d'inscrire d'une façon apparente sur tous les colis qui composent leurs envois la mention : « en transit pour la Bolivie » (en transito para Bolivia), à seule fin de ne pas retarder les formalités d'expédition dans les ports de transit.

Les factures consulaires qui doivent accompagner les expéditions de marchandises destinées à la Bolivie doivent indiquer avec la plus grande clarté possible les marques, poids net et brut, et la valeur de chaque article contenu dans les colis, ainsi que la valeur totale de l'expédition. La valeur doit être en conformité absolue avec celle portée sur la facture originaire d'achat et il reste bien entendu que, si le prix indiqué dans la facture consulaire est manifestement inférieur à la valeur de la marchandise, le fisc bolivien pourra acquérir cette marchandise à son propre compte pour le montant de la valeur déclarée.

La valeur déclarée sur la facture consulaire doit comprendre le fret maritime, l'assurance, le camionnage, etc..., jusqu'au port de destination.

La facture consulaire doit désigner la douane intérieure de Bolivie où doivent s'accomplir les formalités de dédouanement, ainsi que le port par lequel doit s'effectuer l'importation de marchandises.

ROUTES	DOUANES	DESTINATION FINALE DES MARCHANDISES
Antofagasta..........	Uyuni	Uyuni, Rio Mulato, Challapata, Sevaruyo, Machacamarca, Llallahua, Uncia, Oruro, Eucaliptus, Viacha, La Paz, Cochabamba, Santa-Cruz, Potosi, Sucre.
id.	Oruro	Oruro, Cochabamba, Santa-Cruz.
Arica	La Paz	La Paz, Viacha, Corocoro, Sorata.
id.	Oruro	Oruro, Uyuni, Potosi, Sucre, Cochabamba, Santa-Cruz.
Mollendo............	La Paz	La Paz, Guaqui, Corocoro, Viacha, Sorata, Puerta-Acosta, Santiago, de Ruata.
id.	Oruro	Oruro, Cochabamba, Potosi, Santa-Cruz, Sucre.
Rosario-Corumba .... Montevideo id .... Buenos-Aires id......	Puerto-Suarez	Puerto-Suarez, Santa-Cruz
Rosario-Embarcacion. Montevideo id........	Yacuiva	Tarija, Santa-Cruz.
Rosario-La Quiaca... Buenos-Aires id...... Montévidéo id	Villazon	Tupiza, Potosi, Chuquisaca, Tarija.
Para (Portovelho).... id. .... id.	Villa Bella Abuna Guayamerin	Beni, Territorio de Colonias, Santa-Cruz.
Para (Rio-Acre)......	Cobijà	Beni, Territorio de Colonias.

Marques de fabrique et de commerce

Pour obtenir le dépôt d'une marque, son propriétaire doit en faire la demande au Bureau de la Propriété industrielle de La Paz, soit personnellement, soit par l'intermédiaire d'un agent local. La taxe à payer est de 30 bolivianos. L'enregistrement est valable pour dix années, à l'expiration desquelles il peut être renouvelé, moyennant un paiement d'une somme égale à la taxe initiale.

Législation commerciale

Effets de commerce. — La lettre de change devra contenir :

1° La désignation des lieux, indication des mois, jour et année où elle a été tirée ;

2° L'échéance ;

3° Les nom et prénoms de celui à l'ordre de qui elle doit être payée ;

4° La somme à payer ;

5° La mention de la valeur reçue ;

6° Les nom et prénoms du tiers porteur (escompteur) ;

7° Les nom et prénoms et domicile du tiré ;

8° La signature du tireur ou de son mandataire.

Les lettres où est omise l'une de ces mentions seront considérées comme de simples promesses.

Les lettres de change peuvent être tirées :

— à vue ;
— à un ou plusieurs jours ou mois de vue ;
— à un ou plusieurs jours ou mois de date ;
— à une ou plusieurs usances ;
— à jour fixé ;
— en foire.

Paiement. — Toutes les lettres de change doivent être payées le jour de leur échéance avant le coucher du soleil, sans terme de grâce. Si le jour de l'échéance est un jour férié, la lettre sera payable le jour précédent.

Endossement. — Mêmes conditions de forme que pour le Pérou.

L'endos qui ne contient pas la valeur et la date ne transmet pas la propriété, l'endossement en blanc est nul.

Acceptation. — Les lettres de change tirées de l'intérieur doivent être présentées à l'acceptation dans le mois de leur date, celles tirées de l'étranger doivent être présentées dans le délai indiqué dans chacune d'elles.

Protêt. — Les protêts doivent être dressés par notaire le

jour qui suit celui de la présentation, et dans le cas où le dit jour serait un jour férié, le premier jour utile.

Prescription. — Les actions dérivant de la lettre de change se prescrivent par 4 ans à dater de leur échéance.

Droits de timbre. — 0,20 boliviano par effet, la moitié du timbre étant apposée sur l'original et l'autre moitié sur le talon.

Frais de protêt. — Timbre de 5 bolivianos par acte, plus les frais de déplacement du notaire et ses honoraires. Le total des frais de protêt est d'environ 11 bolivianos par acte à La Paz ; il varie dans les autres villes.

Faillites. — La loi bolivienne reconnaît cinq catégories de faillite :

1° Pour suspension de paiement ;

2° Pour insolvabilité fortuite ;

3° Pour insolvabilité coupable (banqueroute simple) ;

4° Pour insolvabilité frauduleuse (banqueroute frauduleuse);

5° Pour disparition du failli et dissimulation de ses livres et dettes.

Dès qu'il a suspendu ses paiements, le failli doit présenter au Tribunal son bilan général avec l'indication de tous ses biens ; ceux-ci deviennent la propriété des créanciers jusqu'à conclusion d'un accord ou paiement des créances.

La faillite étant prononcée, le Tribunal nomme immédiatement un juge-commissaire chargé d'examiner les livres du failli, d'autoriser les actes de gestion de ses biens, de présider les assemblées des créanciers, etc...

Dans les trois jours qui suivent la déclaration en faillite, le juge-commissaire dresse une liste des créanciers. Un dépositaire est chargé ensuite, sous la surveillance du juge-commissaire, de l'administration de la faillite. La correspondance du failli est interceptée et les lettres ayant rapport à ses affaires commerciales sont remises au dépositaire.

La déclaration de la faillite est rendue publique notamment par publication dans tous les journaux de la République. Les créanciers doivent se présenter personnellement aux Assemblées ou s'y faire représenter par des mandataires munis de pouvoirs.

La législation bolivienne reconnaît le concordat après faillite (excepté en cas de faillite frauduleuse, ou lorsque le failli est en fuite).

Toute proposition concordataire doit être faite à l'Assemblée générale, qui délibère à son sujet.

Sont prohibés les accords particuliers faits en dehors de l'Assemblée générale ou dans des réunions privées, sous peine de nullité, de perte de ses droits pour le créancier et de qualification de faillite frauduleuse pour le failli.

CHILI

REPUBLIQUE UNITAIRE divisée en 23 provinces, subdivisées en 82 départements et un territoire (Magallanes). Les départements et le territoire sont eux-mêmes divisés en 900 sous-délégations et 3.233 districts.

ORGANISATION POLITIQUE ET ADMINISTRATIVE. — Aux termes de la Constitution votée le 25 mai 1833, et modifiée le 20 octobre 1925, le Pouvoir exécutif est confié au Président de la République, élu pour six ans au suffrage direct. Le Président est assisté dans ses fonctions par le Ministère comprenant les départements suivants : Intérieur, Affaires étrangères, Finances, Justice, Instruction publique, Guerre, Marine, Hygiène et Prévoyance sociale, et le département dit « Fomento » (« Encouragement de l'Economie nationale »).

Au point de vue administratif, les 23 provinces de la République sont dirigées par des Préfets ou *Intendentes*, et les départements administrés par des Gouverneurs (*Gobernadores*). Chaque département comprend un ou plusieurs districts municipaux ayant à leur tête un Conseil de neuf membres, élus pour trois ans au suffrage universel. La police de Santiago et des capitales de provinces, relevant du Pouvoir exécutif, est à la charge du Trésor.

Le Pouvoir législatif est exercé par le Congrès National, formé du Sénat et de la Chambre des Députés. Le Sénat comprend 45 membres élus pour 8 ans par les provinces au suffrage universel, renouvelables par moitié tous les 4 ans. La Chambre des Députés réunit 132 membres élus pour 4 ans au suffrage universel direct et proportionnel, par les départements, à raison d'un représentant par 30.000 habitants ou par fraction non inférieure à 15.000. Sont électeurs les Chiliens âgés de 21 ans, sachant lire et écrire. Sont éligibles comme Sénateurs les électeurs âgés d'au moins 35 ans ; comme Députés, ceux âgés de 21 ans.

Finances publiques

La situation financière du Chili s'est ressentie pendant plusieurs années de la crise dont le pays a souffert par suite de la stagnation des exportations, spécialement celle du nitrate de soude en 1919, 1921, 1922. A partir de juillet 1922, le travail ayant repris dans les mines de nitrate et dans celles de cuivre, la situation s'améliora progressivement et, actuellement, l'allure générale des affaires et l'ensemble des mesures prises par les dirigeants du pays permet d'envisager l'avenir budgétaire avec confiance.

Le budget chilien, qui est alimenté à raison de 70 % par les droits de douane à l'exportation et à l'importation, s'est établi comme suit, durant les dernières années (en livres sterling) :

ANNÉES	RECETTES	DÉPENSES	BALANCE	DETTE PUBLIQUE
1929*..........	28.050.000	26.775.000	»	»
1928*..........	24.400.000	23.875.000	»	»
1927..........	26.060.330	25.973.954	+ 86.376	73.050.000
1926..........	23.427.000	25.965.000	— 2.538.000	67 450.000
1925..........	17.690.000	21.287.500	— 3.597.500	67.250.000
1924..........	15 529.905	16.113.000	— 583.095	65.612.000
1923..........	20.775.000	23.250.000	— 2.475.000	67.200.000
1922..........	15.000.000	14.880.000	+ 120.000	65.100.000
1921..........	13.334.577	20.995.155	— 7.650.578	»
1913..........	13.714.270	12.395.582	+ 1.318.687	46.936.000

* Chiffres provisoires.

Population. — Instruction publique. — Armée

Au 30 juin 1928, la population totale du Chili était de 4.283.897 habitants. Le recensement détaillé de 1926 donnait, pour les différentes provinces, la répartition suivante :

PROVINCES	Kmq	POPULATION	Densité au Kmq
Aconcagua...........	14.000	112.538	8
Antofagasta..........	120.515	194.981	1,7
Arauco..............	5.668	59.702	10,5
Atacama.............	79.531	42.424	0,5
Biobio	13.863	110.622	8
Cautin...............	16.524	214.331	12
Chiloé...............	18.074	118.697	6
Colchagua	9.973	169.094	17
Concepcion..........	8.579	257.980	29
Coquimbo	36.509	154.373	4
Curico...............	7.885	108.571	14
Linares..............	10.279	123.025	12
Llanquihue..........	90.066	149.557	1,6
Magallanes (ter.).....	168.800	33.422	0,2
Malleco	8.555	125.885	14
Maule...............	7.281	114.377	16
Nuble	9.059	172.005	19
O'Higgins...........	5.617	128 241	22
Santiago.............	15.260	750.374	49
Tacna (1)...........	25.758	42.317	1,7
Talca................	10.006	134.712	13
Tarapaca............	42.830	96.968	2
Valdivia	23.285	196.991	8
Valparaiso..........	4.598	335.493	73
	751.515	3.947.180	5

46,6 % de la population totale est représentée par la population des villes. La grande majorité est d'origine européenne. La race indigène la plus importante, les Araucans, — au nombre d'environ 100.000 — réside au Sud de la vallée des Andes ; les Fuégiens habitent la Terre de Feu.

En 1920, on comptait au Chili 120.436 Etrangers, dont 25.962 Espagnols, 15.552 Boliviens, 12.991 Péruviens, 12.358 Italiens, 8.910 Allemands, 7.215 Français, 7.220 Anglais, etc...

Les statistiques démographiques indiquent que l'excédent des naissances, qui était de 30.849 en 1920, s'est accru progressivement au point d'atteindre le chiffre de 47.438 en 1925. En 1920,

(1) En mai 1929, dans un esprit de réconciliation avec le Pérou, le Gouvernement chilien a cédé à ce pays une partie de la province de Tacna. Le territoire ainsi cédé est de 10.000 kilomètres carrés environ et habité par une population de 25.000 âmes.

le nombre des immigrants était de 12.184, contre 9.071 émigrants ; en 1924, il était de 30.054, contre 29.166 émigrants.

La Constitution chilienne reconnaît et protège tous les cultes. La majorité de la population est catholique (1 archevêché, 11 évêchés).

Depuis 1920, l'instruction primaire, qui est gratuite, est obligatoire (3.357 écoles officielles avec 439.000 élèves et 485 écoles privées avec 62.000). L'enseignement secondaire et supérieur est actuellement donné à plus de 50.000 élèves dans les lycées et écoles spéciales et dans plusieurs Universités.

Tout Chilien apte au service militaire fait partie de l'armée nationale, de 20 à 50 ans. Les recrues sont incorporées à l'âge de 20 ans, pour une période de 18 mois. L'effectif de l'armée active était, en 1927, de 1.510 officiers et 18.000 hommes. Depuis 1918, le Chili possède une aviation militaire, qui comportait, en 1927, 80 avions et 14 hydravions. La Marine comprend notamment : 1 dreadnought, 2 croiseurs cuirassés, 2 croiseurs protégés, 5 destroyers et 6 sous-marins.

Langue. — L'espagnol est la seule langue officielle et d'usage courant. C'est donc en espagnol que doit être, de préférence, rédigée la correspondance d'affaires. Bien que la plupart des Chiliens instruits aient une bonne connaissance de la langue française, il est indispensable, pour avoir du succès, que les catalogues, circulaires, etc..., soient rédigés en langue espagnole, comme le font nos concurrents.

Géographie et Climat. — La République du Chili a une superficie de 750.572 kilomètres. Les côtes mesurent 4.235 kilomètres du Rio Sama, frontière péruvienne (parallèle 17° 57') au Cap Horn (55° 59' de latitude Sud). Le pays est borné, au Nord, par le Pérou, à l'est, par la Bolivie et la République Argentine, au Sud et à l'Ouest, par l'Océan Pacifique.

On peut diviser le pays en 3 régions : les déserts du Nord, les terres arables du Centre et les régions forestières du Sud. Entre l'Océan et les Andes, s'étend une plaine fertile d'environ 1.000 kilomètres de long et parfois 100 kilomètres de large, appelée « la Vallée du Chili ».

Les terres agricoles sont estimées à 100.000 kilomètres, soit près d'un huitième de la superficie totale. Le reste du pays est montagneux ; les Andes occidentales s'étendent à l'Est et la Cordillère Maritime à l'Ouest.

La Chaîne des Andes comprend les pics de Cerro Doña Inés (5.092 m.) et le Cerro Bolson (4.882 m.). Le système est volcanique et le point culminant des Andes chiliennes, l'Aconcagua, atteint 7.040 mètres. Dans le Chili central, la passe d'Uspallata, entre Santiago du Chili et Mendoza, en Argentine, est située à 3.895 mètres au-dessus du niveau de la mer. La célèbre vallée connue sous le nom de Valle de Quillota, entre Santiago et Valparaiso, est particulièrement fertile.

La côte compte un grand nombre d'îles et îlots répartis en trois groupes : les Archipels de Chiloé, Guaytecas et Chonos. Le groupe de Diego Ramirez est situé à 100 kilomètres du Cap Horn. La majeure partie de la Terre de Feu appartient au Chili.

Les principaux fleuves prennent leur source dans les Andes, coulent à l'Ouest, vers le Pacifique, et ne sont navigables que sur des parcours très limités. Les rivières de la région désertique — dont la plus longue est la Loa (2.000 kilomètres) — se perdent dans les sables avant d'atteindre la côte. Les provinces agricoles sont bien arrosées par le Bio-Bio, le Maipo, l'Itata et douze autres cours d'eau. Les régions Sud de Chiloé et Magellan (Magallanes) sont traversées notamment par le Pudeto, le Palena et le Yelcho.

La plupart des lacs sont dans le Sud. Le plus grand est le Lac Llanquihué (800 kilomètres carrés) et le Lac Ranco (500 kilomètres carrés). Presque tous s'écoulent vers l'Ouest, dans le Pacifique, par de petites rivières, en partie navigables. A l'extrême Sud se trouve la grande lagune d'eau douce Laguna Blanca et les lacs salés d'Otway et de Skyring.

Le pays s'étendant des tropiques au cercle antarctique, on pourrait croire que le Chili possède tous les climats, depuis le climat extrêmement chaud, jusqu'au climat glacé, mais ce n'est pas le cas. La température dépend davantage de l'altitude, de la proximité de l'océan, etc., que de la latitude, et au Chili les conditions locales se combinent pour donner à la République un climat qui, dans l'ensemble, est tempéré et égal.

Les Andes forment une barrière qui arrête les vents froids d'Est soufflant sur la plaine argentine, et maintiennent ainsi des hivers tempérés de juin à septembre. D'autre part, le courant froid qui longe la côte, du Cap Horn au Golfe de Guayaquil, tempère la chaleur des provinces du Nord. Santiago, capitale de la République, jouit d'un climat agréable et sain. Le tableau ci-dessous indique les températures extrêmes et moyennes des différentes parties du pays :

VILLES	MOYENNE	MAXIMUM	MINIMUM
Iquique	18°4	40°2	— 10°
Valparaiso	14°3	31°3	— 2°
Santiago	13°8	37°2	— 4°
Concepcion	13°3	36°8	— 1°
Valdivia	11°6	31°6	— 3°5

De légers tremblements de terre sont assez fréquents. Ils ont particulièrement affecté le District de Copiapo durant ces dernières années.

Villes principales

1. SANTIAGO : Capitale de la République et siège du Gouvernement, jolie ville moderne ; altitude : 600 mètres. 520.730 habitants (1922). Sur la rivière Mopocho, à 187 kilomètres de Valparaiso, à 117 kilomètres de San Antonio, port le plus voisin, à 1.451 kilomètres de Buenos-Aires (Argentine). Climat excellent. Centre commercial le plus important après Valparaiso. Principaux produits traités : cuivre, argent, fruits, miel, peaux. Industries : minoteries, fonderies, usines métallurgiques, usines à bois, tanneries, brasseries, fabriques de savon et de chaussures, etc... Siège de grandes maisons d'importation.

1. VALPARAISO : 182.422 habitants (1920). Principal port du Chili et port le plus important de la côte occidentale de l'Amérique du Sud. A 925 kilomètres d'Antofagasta. Bon climat. Produits de l'agriculture. Industries : fonderies, usines, métallurgiques, chaussures, savons, bougies, etc... Nombreuses maisons de gros. Des agences étrangères y sont fréquemment établies.

3. Iquique : Chef-lieu de la Province septentrionale de Tarapaca; 37.421 habitants. Port à 1.974 kilomètres de Santiago. Climat tempéré, jamais de pluies. Principaux produits : nitrate, iode, sel. Principal port du Nord qui doit son importance au nitrate. Nombreuses usines installées aux environs. Commerce très actif. Quelques maisons d'importation en gros traitant directement avec l'étranger.

4. Antofagasta : Chef-lieu de la province du même nom ; 51.531 habitants. Port à 376 kilomètres d'Iquique et à 964 kilomètres de Santiago. Tête de ligne du chemin de fer vers la Bolivie. Principaux produits : argent, nitrate, borax, cuivre, iode. Industries : usines de nitrate, brasseries. Port très important, notamment parce qu'il dessert la Bolivie, qui y entretient un service de douanes. Les maisons faisant des affaires régulières dans le Nord du pays pourront utilement installer une sous-agence dans cette ville.

5. Concepcion : Chef-lieu de la province du même nom ; 64.074 habitants. Sur le fleuve Bio-Bio, à 10 kilomètres de l'embouchure et à 571 kilomètres de Santiago. Grande production agricole et élevage. Commerce important.

Cette ville, où sont installées des maisons d'importation, tend à s'affranchir de la dépendance commerciale de Santiago et Valparaiso.

6. Valdivia : Chef-lieu de la province du même nom ; 26.864 habitants. Au confluent des rivières Calle-Calle et Cruces, à 12 kilomètres du port Puerto-Corral et à 863 kilomètres de Santiago. Centre agricole et manufacturier. La plupart des maisons de commerce sont allemandes.

7. Magallanes : Chef-lieu du territoire de Magallanes ; 20.437 habitants. Port sur le détroit à 2.093 kilomètres de Santiago. Climat frais ; température moyenne, 6° ; pluies pendant 150 jours par an. Ville la plus au Sud du Chili. Son importance économique est due à l'élevage, au commerce de la laine et du bois. Reliée aux villes voisines par des routes impraticables aux automobiles d'avril à septembre.

8. Arica : Port de la province septentrionale de Arica ; terminus d'une voie ferrée conduisant à La Paz (Bolivie). 9.000 habitants. Dessert la fertile Vallée d'Azapa et assure en partie l'importation et l'exportation bolivienne. Station balnéaire de la haute société bolivienne. Service de douanes bolivien. Port d'exportation de borax, de soufre et de produits agricoles.

Autres villes importantes : Talca (province de Talca), 36.079 habitants, centre agricole, à 250 kilomètres de Santiago ; Chillan (province de Nuble), 30.881 habitants, centre agricole, à 397 kilomètres de Santiago ; Talcahuano (province de Concepcion), 22.084 habitants, centre agricole et minier, à 585 kilomètres de Santiago et à 15 kilomètres de Concepcion ; Temuco (province de Cautin), 28.546 habitants, centre agricole, à 692 kilomètres de Santiago ; Vina del Mar, Coquimbo, La Serena, etc...

Economie nationale

Agriculture. — L'agriculture chilienne, aidée par un sol fertile et par un climat excellent, a pu se développer aisément.

Dans le Nord, les vallées, bien irriguées, peuvent produire la canne à sucre et le coton.

Dans la zone centrale et dans la partie nord de la zone méridionale, le sol se prête à la culture des céréales (froment, orge, avoine, maïs, etc...), des légumes (pommes de terre, haricots, pois) et des fruits.

La zone sud, fraîche et humide, la « Suisse de l'Amérique du Sud », convient particulièrement à l'exploitation forestière et à l'élevage du bétail (moutons, bœufs, etc...).

Les surfaces cultivées occupent plus du tiers de la superficie totale. D'après les statistiques récentes, elles couvrent 25.425.444 hectares, dont 13.869.966 consacrés aux prairies artificielles ou naturelles, 1.360.806 aux cultures céréalières, 69.417 aux vignobles. En 1923, sur un total de 95.000 propriétés agricoles, cellés de 1 à 50 hectares étaient au nombre de 74.700, celles de 50 à 100 se montaient à 17.624, celles de 1.000 à 5.000 atteignaient le chiffre de 1.800, et il y avait 552 domaines de plus de 5.000 hectares.

Pour l'année 1926-1927, les principales récoltes s'établissaient comme suit (en quintaux métriques) :

Froment	6.132.720
Orge	1.502.970
Avoine	600.820
Maïs	201.845
Vin (hectolitres)	3.094.856

Le pays a développé grandement ses vignobles et obtient d'excellents vins, soit liquoreux du genre Porto ou Xérès (dans les régions des terrains d'éboulements), soit dans le genre des crus bordelais (terrains d'alluvion).

Un soin particulier a été donné ces dernières années à l'arboriculture fruitière (raisins de table, pêches, abricots, prunes, poires, figues, pommes, oranges), dont les produits fournissent annuellement 1.000 à 1.500 tonnes à l'exportation. Un important débouché a été créé aux Etats-Unis, en profitant de ce que l'hiver, dans ce pays, correspond à l'été au Chili.

Une industrie appelée à un grand avenir est l'exploitation des immenses forêts vierges de la zone méridionale, qui possèdent des essences propres à la fabrication du papier.

Le bois dit « de Panama » provient du Chili, et il existe en Angleterre un grand marché de ce produit, qui porte dans son pays d'origine le nom de *quillay*.

Enfin les forêts méridionales sont abondamment pourvues de bois de construction et d'ébénisterie.

ELEVAGE. — Le cheptel national en 1925 était de 4.093.872 ovins, 1.918.433 bovins, 357.033 caprins, 246.636 porcins, 323.581 chevaux.

L'élevage du mouton s'est développé dans le Sud et notamment dans le territoire de Magallanes. Cinq établissements frigorifiques y prospèrent, exportant des quantités importantes de viandes congelées.

Pour la production de la laine, le Chili occupe le 3e rang dans l'Amérique du Sud. Les industries laitière et beurrière, ainsi que celle des fromages, accusent également un développement considérable.

MINES. — Le Chili possède un sous-sol d'une remarquable richesse. On y compte environ 37.730 mines reconnues portant sur 600.000 hectares, dont 16.201 de cuivre occupant 60.587 hectares, 1.365 mines d'or, 2.570 de borax, etc...

Le grand produit national, celui qui assure depuis de longues années un tiers environ des rentrées du budget chilien, est le nitrate de soude, utilisé comme engrais et employé également dans de nombreuses industries chimiques. La production de nitrate a été, au Chili, durant les années 1926, 1927 et 1928, respectivement de 2.016.900, 1.609.800 et 3.163.800 tonnes. Durant ces mêmes années, les exportations ont été de 1.613.900, de 2.375.500 et de 2.798.900 tonnes.

La région nitratière forme, dans le Nord du pays, une zone étroite, à peu près à 70 kilomètres de la côte, et parallèle à celle-ci, sur une longueur de quelque 670 kilomètres. Les principales contrées productrices sont celles de Tarapaca, Tocopilla, Antofagasta, Aguas Blancas et Taltal. Le nitrate, préparé dans les fabriques ou oficinas, une fois séché et mis en sac, est amené à Iquique, Mejillones, Antofagasta, Taltal, Caleta-Buena, Coloso, d'où il est expédié à l'étranger.

L'exportation, démesurément accrue pendant la guerre, tomba brusquement en 1919 à un niveau inférieur à celui de 1913. En 1927, les chiffres de l'exportation chilienne demeuraient encore au-dessous de ceux d'avant-guerre, par suite de la réduction des achats des principaux pays d'Europe et de l'Egypte, insuffisamment compensée par l'augmentation des achats des Etats-Unis.

La diminution est due à l'emploi, toujours accru, depuis 1917, des engrais synthétiques. L'industrie des nitrates synthétiques, naissante en France, mais pleinement développée en Allemagne, paraît devoir progresser également en Angleterre, Norvège, Suisse, Italie, etc...

Après le nitrate, le cuivre est le principal produit d'exportation chilien, bien que 20 % seulement des gisements soient exploités, en raison de la faible teneur du minerai. Le Chili, qui occupe dans la production mondiale le 2e rang — après les Etats-Unis — a vu ses exportations de cuivre passer de 38.231 tonnes en 1910, à 98.952 en 1920, à 190.820 en 1926, et à 300.000 en 1928. Presque toute la production est assurée par des entreprises à capitaux étrangers, Nord-Américains surtout. Les mines de Chañaral et de Naltagua (El Monte) sont exploitées par des Sociétés françaises.

Le minerai de fer abonde au Chili, sous forme d'oxyde de fer, sulfure, silicate et carbonate de fer ; il n'y a été employé jusqu'ici que comme réducteur dans les fonderies de plomb et comme absorbant dans les fonderies d'argent et de cuivre. Une seule mine, appartenant à une Compagnie française, produit du minerai d'une teneur de 60 % ; une Compagnie américaine locataire extrait ce minerai et l'exporte après un broyage sommaire.

Le Chili est un des rares pays d'Amérique du Sud qui possèdent de la houille. La production annuelle de charbon dépasse 1 million de tonnes ; elle a été de 1.474.300 tonnes en 1927 et de 1.381.900 en 1928.

La production chilienne d'or et d'argent a permis d'exporter, en 1926, 33.888 kilos d'or, 350 tonnes de minerai d'argent et 7.389 kilos d'argent en lingots.

On trouve encore de l'arsenic, du manganèse, du molybdène, du soufre, du pétrole, du borax, etc...

Industrie. — A côté de l'industrie des mines et de l'agriculture, se développent rapidement, depuis la guerre, les industries de transformation.

La sidérurgie notamment accuse des progrès intéressants. A Corral, les Hauts-Fourneaux, Forges et Aciéries du Chili, approvisionnés par les mines de Tofo et de Vallenar, représentent l'entreprise la mieux outillée et la plus perfectionnée de toute l'Amérique du Sud.

A Calama fonctionne une fabrique moderne d'explosifs. Parmi les autres fabrications importantes, doivent être mentionnées celles de l'acide sulfurique, de l'iode et de divers produits médicaux et pharmaceutiques d'origine minérale.

En 1925, le nombre total des établissements industriels était de 7.681 (2.871 en 1919), occupant 90.641 employés et ouvriers (71.464 en 1919), avec un capital global de $ 1.676.731.190 (702.818.725 en 1919). Valeur des matières premières employées — 753.451.265 pesos-papier ; valeur de la production — 1.351.254.635 pesos-papier.

Commerce extérieur

Le commerce extérieur du Chili, durant ces dix dernières années, a été le suivant (en livres sterling) :

ANNÉES	EXPORTATIONS	IMPORTATIONS	TOTAL	BALANCE
1928...........	49.148.580	29.241.350	79.389.930	19.907.230
1827...........	42.241.675	26.824.775	69.066.450	15.416.900
1926...........	41.363.474	32.316.850	73.680.325	9.046.625
1925...........	46.968.945	30.584.444	77.553.389	16.384.501
1924...........	45.448.437	27.244.307	72.692 744	18.204.130
1923...........	40.742.069	24.698.299	65 440.368	16.043.770
1922...........	25.394.027	17.788 618	43.132.645	7.605.409
1921...........	33.281.485	28.597.688	61.879.173	4.683.797
1920...........	59.364.103	34.130.920	93.495.023	25.233.183
1919...........	22.609.356	30.324.314	52.933.670	- 7.714.958
1913......... .	29 723.283	24.713.836	54.437.119	5.009.447

Les exportations vers la France, pendant l'année 1927, se sont montées à 55.965.562 pesos chiliens. Les importations de France ont atteint pendant la même année, 55.158.778 pesos chiliens.

La France se classe au 4e rang des nations qui commercent avec le Chili, précédée des Etats-Unis — qui réalisent à eux seuls plus du quart du commerce total — de la Grande-Bretagne et de l'Allemagne.

Les principaux produits d'exportation chilienne sont : nitrate, cuivre, charbon, iode, borax, guano, blé, minerai de fer, argent, laine, peaux brutes, fruits, etc...

Parmi les produits français qui ont un débouché sérieux dans ce pays, il y a lieu de signaler les suivants :

Soieries, draperies (particulièrement pour dames) ; tissus de laine ou coton ; filés de laine, coton, soie, lin, chanvre ; toiles ; modes et nouveautés ; lingerie ; linge de maison ; fil à coudre ; fourrures ; articles de Paris ; articles de celluloïd ; ganterie ; passementerie ; rubans ; dentelles, tulles ; parfumerie ; verre ; articles d'imprimerie ou de librairie ; papiers à lettres ; produits pharmaceutiques, chimiques ou œnologiques ; matériel de viniculture ; huiles fines ; autos et bicyclettes ; petit outillage, quincaillerie ; eaux minérales, champagne, liqueurs, etc...

Informations consulaires

Légation de France à (1).
Consulats français à (2), (4), (5).
Agents consulaires à (8), (3), (6), (7).
Légation du Chili : Paris, 2, avenue de la Motte-Picquet.
Consulat général : Paris, 7, rue de Naples.
Consulats : Bayonne, Béziers, Bordeaux, Brest, Cannes, Cette, Cherbourg, Dunkerque, Grasse, La Rochelle, Le Havre, Lille, Lyon, Marseille, Nice, Saint-Nazaire, Toulon, Toulouse, Vichy, Alger, Papeete, Tunis.
Attachés commerciaux : Attaché commercial français à Santiago, M. CHAYET, Calle Claras, 497 ;
Conseiller commercial chilien à Paris : M. ALEJANDRO BERTRAND, 88, boulevard Saint-Michel ;
Attaché commercial : M. ALFONSO FREIRE, légation du Chili ;
Chambre de Commerce française : à (1), Casilla 5 D et à (2), Casilla 529.

Communications

Le Chili s'est occupé activement de développer ses réseaux de routes et de voies ferrées. L'ensemble des routes, terminées ou en construction, est de 48.300 kilomètres ; les voies sont particulièrement bonnes dans la vallée centrale entre Santiago et Temuco.

Le réseau ferré comprend 8.661 kilomètres de voie de 1 mètre et de 1 m. 675, dont 5.443 appartiennent à l'Etat. Dans son aspect général, il est composé d'une ligne nord-sud, dite « el Longitudinal », traversée en plusieurs points par des lignes perpendiculaires reliant les ports de la côte aux montagnes. Cette ligne, reliant Puerto-Montt, au sud, à Pisagua, au nord, mesure environ 3.300 kilomètres et, lorsqu'elle sera terminée, reliera la frontière péruvienne à Punta-Arenas. Une ligne transandine relie Valparaiso à Buenos-Aires, une autre ligne va d'Antofagasta à la capitale de la Bolivie et une ligne plus courte d'Arica à La Paz. Une ligne transandine en construction, via Antuco, ira de Talcaluano à Bahia-Blanca (Argentine) [1.130 kilomètres]. Une autre ligne est également en construction entre Valdivia et Bahia-Blanca.

Une convention chileno-argentine prévoit la construction de deux lignes additionnelles reliant les réseaux des deux pays au nord et au sud.

Les chemins de fer représentent un capital de 212 millions de dollars, dont 133 millions correspondent aux chemins de fer de l'Etat et 79 millions à des Compagnies privées. Les capitaux britanniques y figurent pour 66 millions de dollars, le capital chilien n'excédant pas 11 millions de dollars.

Les principales lignes sont les suivantes :

Valparaiso-Buenos-Aires, 1.443 kilomètres ; Antofagasta-La Paz, 1.651 kilomètres ; Arica-La Paz, 439 kilomètres ; Taltal-La Pampa, 148 kilomètres ; Caldera-Tres Puentes, 141 kilomètres ; Ovalle-Coquimbo, 132 kilomètres ; Concepcion-Rucapequen, 130 kilomètres ; Pisagua-Iquique, 125 kilomètres.

La ligne Santiago-Valparaiso (181 kilomètres) a été électrifiée en 1922.

Les transports par route ont tendance à se développer. Les services d'autobus se sont multipliés (1.200 autobus en 1925, contre 420 au début de 1924). Le total des voitures, camions et autobus en circulation, en 1925, était de 16.970. Le 31 décembre 1926, le nombre des voitures automobiles en circulation était évalué à 13.000, dont 7 à 8.000 Ford.

Les fleuves, dans l'ensemble, ne sont pas navigables, sauf sur de petits trajets près de leur embouchure.

La Cie Générale Transatlantique assure un service direct bimensuel de cargos Havre-Valparaiso, le 3 et le 15 de chaque mois. Les dates sont approximatives et peuvent varier de 2 à 3 jours, selon les besoins du navire. Consulter pour plus de précision le livret du chargeur de la Compagnie Générale Transatlantique.

Durée du trajet. — Un cargo fait le voyage du Havre à Valparaiso, via Panama, en 5 à 7 semaines, tandis qu'il faut 6 à 8 semaines, et même davantage, par le détroit de Magellan.

Distance. — Havre-Valparaiso : via Panama, 8.000 milles marins ; via Magellan, 10.000 milles marins environ.

Entre l'Europe et le Chili, plusieurs autres Compagnies assurent un service de navigation. La Pacific Steam Navigation C°, service direct bi-mensuel, de charge et de passagers, entre le

Chili et l'Europe ; fait escale à La Pallice-Rochelle. A l'aller, ces bateaux prennent la voie du détroit de Magellan, et au retour celle du canal de Panama.

Les cargos de la Cie de Navigation Générale Italienne à destination des ports du Chili font escale à Marseille.

Enfin, les voiliers de la Maison Bordes assurent, du Chili en Europe, les transports du nitrate.

Les transports maritimes locaux sont assurés par plusieurs lignes de navigation : la Cia Sudamericana de Vapores (chilienne), possédant d'excellents bateaux, qui font le service de la côte du Pacifique entre Valparaiso et Panama, et assurent également un service rapide Valparaiso-New-York (départ mensuel ; durée totale du voyage : 18 jours ; classe unique ; prix : 325 dollars) ; la Cie Braun et Blanchard, ligne Valparaiso-Punta-Arenas ; la Cia Nacional de Vapores, Valparaiso-Arica. Le pavillon des Etats-Unis est représenté par la Grace Line, de New-York, sa filiale la Grace Steamship C°, la N. O. S. A. Line (The New Orléans et South America S/S C°), la New-York South America Line. Sont également à mentionner la Compagnie japonaise Nippon Yusen Kaisha et la Compagnie norvégienne Latin America Line.

La loi, attribuant le monopole du cabotage sur les côtes chiliennes à la marine marchande nationale, a suscité la création de plusieurs entreprises maritimes. Celles-ci comprenaient, en 1925, 21 vapeurs de 88.226 tonneaux nets et 15 voiliers de 17.624 tonneaux nets.

La Convention de Magellan, à laquelle ont adhéré la plupart des Compagnies internationales de navigation, fixe un tarif unitaire pour le transport de marchandises provenant ou à destination des côtes sud du Pacifique, via Panama ou Magellan. Les Compagnies des Etats-Unis, restées en dehors de cette entente, ont conclu des accords spéciaux basés sur les conditions du marché.

A titre d'exemple, voici les tarifs comparés des Compagnies européennes et nord-américaines pour quelques produits importés au Chili.

Zinc : New-York-Valparaiso, $ 13,88 la tonne (Compagnies nord-américaines) ; Europe-Valparaiso, $ 1,15 la tonne (Comgnies européennes) ;

Sulfate : New-York-Valparaiso, $ 17,63 la tonne (Compagnies

nord-américaines) ; Europe-Valparaiso, $ 1,15 la tonne (Compagnies européennes).

Les ports les plus importants sont : Valparaiso, dont le trafic dépasse un million et demi de tonnes par an et qui est le port de la capitale ; San Antonio, à 113 kilomètres de Santiago ; Antofagasta, principal port d'évacuation des nitrates ; Constitucion, port de cabotage, près de l'embouchure du Maule.

Postes et Télégraphes

Le tarif postal pour les lettres, à l'intérieur du pays, est de 10 centavos par 20 grammes ; pour les envois de livres ou brochures, 5 centavos par 50 grammes ; pour les envois d'échantillons, 30 centavos par 50 grammes.

Le tarif postal pour les lettres adressées à l'étranger est de 80 centavos.

La correspondance venant de l'étranger est acheminée par Buenos-Aires et les Andes, ou par Panama (Pacific Steam Navigation Line), ou encore par les Etats-Unis. La correspondance destinée à Punta-Arenas, sauf mention spéciale, est acheminée via Buenos-Aires. Pendant l'hiver sud-américain (mai-septembre), un service postal, via New-York-Panama, est assuré directement par vapeur. Toute correspondance qui ne porte pas une mention spéciale est acheminée par Buenos-Aires et les Andes.

On reçoit actuellement à destination du Chili des colis postaux jusqu'à dix kilos, ce qui facilite grandement les expéditions de certains articles, comme soieries, dentelles, celluloïd, etc...

Les colis postaux non retirés dans les 30 jours sont retournés par l'Administration des Postes à l'expéditeur.

Le tarif des télégrammes rédigés en espagnol est de 7 à 10 centavos (papier) par mot, et le triple pour les « urgents ». Les télégrammes en code ou en langue étrangère coûtent trois fois plus.

Le Chili admet les télégrammes urgents, différés, ouverts, à remettre en mains propres, multiples, à faire suivre.

(1) Tarif ordinaire : Pour Magallanes : Voie des Câbles : le mot, 3,92 francs-or ; Voie Radio-France : le mot, 3,71 francs-or. Pour les autres places : Voie des Câbles : le mot, 3,32 francs-or ; Voie Radio-France : le mot, 3,11 francs-or.

(2) Télégrammes différés : Pour Magallanes : Voie des Câbles : le mot, 1,31 franc-or ; Voie Radio-France : le mot, 1,24 franc-or. Pour les autres places : Voie des Câbles, le mot, 1,11 franc-or ; Voie Radio-France : le mot, 1,04 franc-or.

L'Etat chilien possède 29.000 kilomètres de lignes télégraphiques (367 Bureaux). La longueur totale des lignes télégraphiques appartenant à des Compagnies privées est d'environ 7.250 kilomètres.

Les téléphones, exploités par une Société privée, comptaient 28.876 abonnés en 1924.

Des stations de T. S. F. existent à Arica, Antofagasta, Coquimbo, Talcahuano, Valparaiso, Valdivia, Puerto-Montt, Punta-Arenas et Juan Fernandez.

Poids et Mesures

Le système métrique décimal est d'un emploi légal — et obligatoire — depuis 1865. Toutefois quelques mesures et poids espagnols sont encore en usage dans certaines régions. Ce sont : la livre ou libra de 460 grammes, l'arroba de 11 kil. 500, le quintal de 46 kilos, et la vara de 91 centimètres.

Monnaies

La réforme monétaire, consacrée par le décret-loi n° 528 du 16 septembre 1925, établit la nouvelle unité monétaire du Chili : le peso-or, qui contient 0,183.057 de gramme d'or pur. Le peso-or est égal à 6 pence, 40 pesos étant l'équivalent de la livre sterling. Dix de ces unités, qui contiennent au total 1 gr. 83.057 d'or pur, constituent le condor.

La nouvelle monnaie, dont détail suit, fut mise en circulation le jour de l'ouverture du Banco Central, le 11 janvier 1926.

MÉTAL	DÉNOMINATION	VALEUR	POIDS	TITRE
Or	10 condors	100 pesos	20 gr. 33966	900
	5 —	50 —	10 — 16983	900
	2 —	20 —	4 — 067932	900
Argent	1/2 —	5 —	25 —	720
		2 —	18 —	500
		1 —	9 —	500
Nickel		0,20 —	4 — 5	25 % nickel
		0,10 —	3 —	75 % cuivre
		0,05 —	2 —	»

La stabilité du change chilien est actuellement assurée grâce à la réforme monétaire réalisée et à la politique des devises poursuivie par la banque d'émission. La quotation du peso à Londres se maintient légèrement au-dessous du pair (39,36 à 39,68 pesos la livre sterling, janvier 1928-avril 1929).

Le Chili a beaucoup souffert des conséquences d'un long régime du papier-monnaie à cours forcé.

La réforme monétaire de 1925 a eu une importance capitale pour la vie économique du pays. Elle a été directement inspirée par les travaux de la mission d'experts financiers américains, présidée par M. KEMMERER, professeur à l'Université de Princeton. Conformément aux propositions de cette même mission, le Gouvernement chilien créa, par décret-loi du 22 août 1925, un Institut d'émission et de réescompte, la « Banco Central de Chile ». Le capital autorisé de la banque est de 150 millions de pesos et pourra être porté à un maximum de 200 millions. La Banque a le monopole de l'émission des billets de banque, convertibles au taux de 0,183.057 grammes d'or fin le peso ; la réserve or doit être au moins égale à 50 % du montant de la circulation et des dépôts. La Banque accorde des prêts et des escomptes aux banques actionnaires dans les limites fixées par les statuts et reçoit leurs dépôts. Elle remplit le rôle de chambre de compensation des banques particulières à Santiago et dans les autres villes de la République où elle a des succursales. Le taux d'escompte de la Banco Central était (janvier 1929) de 6 % pour les banques et de 7 % pour le public.

D'autre part, la loi du 26 septembre, également inspirée par la mission Kemmerer, établit un nouveau régime pour toutes les banques, nationales et étrangères, fixées dans le pays. La loi stipule la nature des opérations bancaires, détermine le capital social minimum des banques en fonction de l'importance des villes où elles sont établies, fixe le rapport entre le capital plus les réserves et les engagements des banques, etc... Un contrôle minutieux des banques est exercé par une Section spéciale du Ministère des Finances, comportant des inspections régulières, présentation des rapports, etc... La Section a également des pouvoirs étendus en ce qui concerne l'établissement des banques nouvelles, ainsi que la liquidation des banques en cas de faillite.

Banques

NOM DE LA BANQUE	SIÈGE	SUCCURSALES
Banco de Chile.	(1)	(2),(8),(3),(4),(5),(6),(7).
Anglo-South-American Bank Ltd.	Londres	(1),(2),(3),(4),(5),(7).
Banco de Chile	(1)	Dans toutes les villes principales.
Banque Française et Italienne pour l'Amérique du Sud	Paris	(1), (2).
Banco Italiano	(2)	(1), (4).
Banco Yugo-Slavo de Chile	(2)	(4), (7).
Bank of London & South America Ltd.	Londres	(2), (3).
Deutsch-Sudamerikanische Bank.	Berlin	(1), (2).
National City Bank of New-York.	New-York	(1), (2).

Usages bancaires et commerciaux

Les marchandises expédiées d'Europe sont généralement vendues FOB, c'est-à-dire livrées à bord du vapeur au port d'embarquement. Le frêt, les assurances, les droits consulaires et autres frais éventuels sont ajoutés au montant de la facture, et une traite tirée pour la somme totale. Les documents d'expédition sont remis contre acceptation d'une traite à 30, 60 ou 90 jours. Le paiement s'entend généralement au change à vue ou à 90 jours de vue. Certaines maisons accordent des crédits beaucoup plus longs, pouvant aller jusqu'à un an.

Certains tirés demandent à l'échéance une prolongation de terme, moyennant le paiement des intérêts de 8 à 12 % l'an ; la banque chargée de l'encaissement accorde ou refuse ces délais, accepte un acompte ou fait dresser protêt suivant instructions reçues.

Les marchandises exportées du Chili sont généralement payables dès qu'elles sont embarquées, ce qui exige préalablement une ouverture de crédit par l'acheteur dans une banque locale.

Termes commerciaux d'usage au Chili (1)

FOB. (Port d'embarquement désigné.)

A. — Le Vendeur doit :

1. Assurer à ses frais le transport de la marchandise au port désigné.

2. Effectuer la mise à bord de la marchandise et en supporter les frais.

   Dans certains pays, le vendeur se trouve dans l'impossibilité d'effectuer la mise à bord de la marchandise. Dans ce cas, le vendeur remet la marchandise à l'armateur contre un reçu pour embarquement (dock receipt), lequel fait preuve de la livraison de la marchandise.

3. Fournir à l'acheteur le connaissement ou le reçu du navire.

4. Répondre des pertes et dommages jusqu'à ce que la marchandise ait été mise à bord, et le connaissement ou le reçu du navire obtenu.

5. Contracter auprès d'une bonne Compagnie d'Assurances une assurance pour le transport maritime de la marchandise (F. P. A.).

B. — L'Acheteur doit :

1. Répondre des dommages et pertes après la mise à bord et l'expédition du connaissement ou du reçu du navire.

2. Supporter tous les frais afférents à l'expédition de la marchandise à partir du port d'embarquement, et notamment les frais du connaissement, les droits consulaires et autres.

   L'acheteur doit supporter tous les frais et répondre des pertes et dommages à partir du moment où la marchandise est placée le long du navire, et se charger d'obtenir le connaissement ou le reçu du navire.

---

(1) D'après l'enquête de la Chambre de Commerce Internationale.

CIF (CAF)

A. — LE VENDEUR DOIT :

1. Expédier les marchandises à ses frais jusqu'au port de destination convenu.
2. Conclure et payer une assurance maritime (F. P. A.) auprès d'une bonne Compagnie d'Assurances.
3. Remettre à l'acheteur, ou à son agent, un connaissement établi sur le port de destination convenue et acquitté, ainsi que la police ou le certificat d'assurances.
4. Répondre des pertes et dommages jusqu'à ce que la marchandise ait été mise à bord et les documents remis ou expédiés à l'acheteur ou à son agent.

B. — L'ACHETEUR DOIT :

1. Répondre des pertes et dommages survenant ultérieurement à la mise à bord.
2. Prendre livraison de la marchandise et payer les frais de déchargement, d'allèges et de mise à quai au port de destination.
3. Acquitter les taxes d'importation, ainsi que les droits de quai, les taxes consulaires et autres droits analogues, s'il y a lieu.

FAS (franco le long du navire)

Les droits et obligations des deux parties sont analogues à ceux prévus pour l'expédition FOB.

LE VENDEUR DOIT NOTAMMENT :

Assurer à ses frais le transport de la marchandise au port d'embarquement désigné et la faire placer le long du navire, soit sur le quai, soit, si le bateau ne peut pas accoster, sur allèges, de manière qu'elle puisse être embarquée sur le navire.

Répondre jusqu'à ce moment des pertes et dommages. Contracter une assurance maritime. (F. P. A.)

CIF CCA

(CCA signifie Contra Comprobación de la Aduana.)

Mêmes dispositions que pour le contrat CIF.

En outre, le vendeur se réserve le droit d'expédier certaines marchandises destinées à plusieurs acheteurs sous un connaissement unique et avec une police d'assurance globale ; le paiement de la marchandise doit être effectué, au choix du vendeur, soit contre remise des documents, soit contre livraison après le douanement.

AN BORD (Port de destination)

Contrat analogue au contrat franco rendu.

A. — Le Vendeur doit :

1. Expédier la marchandise à ses frais jusqu'au port de destination convenu.
2. Assurer le transport maritime. En cas où la marchandise est perdue ou endommagée au cours du déchargement, le vendeur doit éventuellement aider l'acheteur dans ses réclamations contre la Compagnie d'Assurances ; la prime est alors due à l'acheteur.
3. Répondre des pertes et dommages jusqu'au moment où la marchandise est mise à la disposition de l'acheteur dans les conditions du § 2.

B. — L'Acheteur doit :

1. Répondre des pertes et dommages à partir du moment de la mise à sa disposition de la marchandise.
2. Supporter les frais de déchargement, acquitter les droits consulaires et autres taxes analogues, s'il y a lieu.

Moyens de pénétration

M. Walle, attaché commercial de France, résume fort bien les conditions qui doivent être remplies par les maisons françaises désireuses de s'introduire sur le marché chilien ou d'intensifier leur courant d'affaires :

1° Visites périodiques régulières et bien échantillonnées du voyageur et visites fréquentes de l'agent ou du représentant local ;

2° Distribution, par ces derniers, de catalogues et prix courants imprimés en espagnol ;

3° Etudes du marché et des moyens de s'y adapter ;

4° Fournir exactement l'article conforme au goût et aux nécessités de l'acheteur ; savoir faire valoir la marchandise par une bonne présentation ; apporter un grand soin aux emballages, qui doivent être solides pour résister aux chocs du voyage et de la manutention, et conditionnés de manière à déjouer les tentatives de vol ;

5° Se plier aux méthodes de crédit et aux circonstances ; maintenir une complète coopération avec l'agent local, dont les idées, en général, devraient être suivies ;

6° Tenir compte de ce que l'auxiliaire d'un agent local est une condition *sine qua non* du succès en affaires. Tôt ou tard, les maisons qui traitent directement sans agent — c'est là l'origine des litiges et des réclamations — sont destinées à supporter des pertes qui, fréquemment, dépassent les profits obtenus sur le total des affaires précédentes. Sauf exception, nos industriels et commerçants ne sauraient faire d'affaires au Chili, pas plus d'ailleurs que dans les autres pays de l'Amérique du Sud, en se bornant à envoyer à des adresses, dont ils ont demandé la liste, des offres, des catalogues et prix courants, le plus souvent imprimés en français. En dehors des grands magasins qui ont des bureaux d'achat en Europe, l'acheteur susceptible de faire ses achats chez nous répugne à entretenir une correspondance longue et fastidieuse en raison de la distance et parce que la langue ne lui est pas familière ; il préfère traiter avec le représentant ou l'agent des fabriques, qui lui parle sa propre langue et lui fait des offres directes en lui fournissant des prix et des indications exactes sur les marchandises. On conseille donc aux fabricants de ne vendre au Chili aucune marchandise sans un agent sérieux désigné. Autant que possible, cette désignation devrait être faite par le voyageur de la maison ou de la fabrique lors d'un de ses voyages. La possession d'un agent sur place ne dispense pas, d'ailleurs, de l'envoi d'un voyageur, mais les voyages peuvent ainsi être plus espacés. A chacun de ceux-ci, le voyageur accompagnerait l'agent pour connaître les clients, leurs désirs, les besoins de l'endroit, et donner toutes les informations techniques utiles sur les articles vendus par la maison ;

7° Imiter nos concurrents anglais et américains qui n'hésitent pas à organiser des voyages d'études de chefs de maisons, ou, si les dépenses paraissent trop fortes, former un Syndicat de fabricants divers pour envoyer un bon voyageur à frais communs. Il faut substituer, chaque fois qu'il sera possible, l'effort collectif à l'effort personnel. La création de comptoirs et de dépôts serait aussi à désirer, après étude. Cette création s'impose de plus en plus ;

8° Enfin, vouloir et savoir employer la publicité. Tous les grands produits anglais, américains ou allemands font usage de ce puissant levier de l'opinion publique.

On ne conseillera jamais assez aux commerçants et industriels français qui veulent développer leurs affaires au Chili de faire mettre des annonces dans les principaux quotidiens de Santiago et de Valparaiso, *El Mercurio* ou *La Nacion*, par exemple, journaux qui paraissent sur 12, 18, parfois 24 pages, et sont lus par tout le monde. Outre ces journaux, citons encore : à Santiago, *Los Tiempos, Las Ultimas Noticias, La Union, Boletin Comercial* (hebdomadaire) ; à Valparaiso, *la Nacion, El Heraldo, El Chileño, La Estrella ;* à Concepcion, *El Sur,* lu dans la région sud. On comptait, en 1924, 627 journaux ou périodiques, dont 276 paraissant à Santiago et 92 à Valparaiso.

En outre, des panneaux-réclames portant des affiches sont apposés dans les rues de Valparaiso, Santiago et autres principales villes chiliennes.

Les couleurs vives sont fort goûtées au Chili. La publicité bien illustrée, parlante en un mot par la conception même de son dessin, doit seule être mise en pratique.

Les saisons les plus favorables pour la prise des commandes dépendent naturellement de l'article. Toutefois, il y a lieu de signaler, d'une manière générale, que la période de décembre à mars est celle qui convient le mieux en ce qui concerne les tissus et draps, et que la période d'août-septembre est celle que l'on doit préférer pour les produits œnologiques, la vendange ayant lieu en mars.

Adjudications. — Les principales Administrations chiliennes acheteuses à l'étranger sont : l'Administration des Chemins de fer de l'Etat, la Section du Chemin de fer Arica-La Paz au département des travaux publics, l'Arsenal d'Etat et les Chantiers Navals.

Il est recommandé aux maisons françaises désireuses de prendre part aux soumissions d'avoir un agent à Santiago dûment qualifié et mandaté.

Des indications utiles peuvent être obtenues à ce sujet en s'adressant à notre Attaché commercial à Santiago.

En dehors des adjudications, les Administrations chiliennes traitent souvent des marchés de gré à gré.

Voyageurs de commerce

Taxes. — Une licence pour l'exercice de la profession est délivrée aux voyageurs de commerce au chef-lieu de chaque département. Le montant des taxes est variable. Il est de $ 1.200 dans les départements ayant moins de 10.000 habitants, et atteint $ 2.000 à Santiago et à Valparaiso. Toutefois, la perception de ces taxes n'est pas effectuée d'une façon rigoureuse.

A son arrivée dans le pays, le voyageur fait dresser par les douanes chiliennes la liste des échantillons qu'il désire introduire. L'évaluation des droits de douane est alors faite. En garantie du montant fixé, le voyageur signe un billet à ordre (pagaré) à six mois de date, qui doit être également visé par une banque établie au Chili. Celle-ci exige une caution de $ 200 m/cte environ.

Quand il quitte le pays, le voyageur fait procéder à l'inventaire de sa collection, qui doit coïncider avec la liste dressée à l'arrivée. Si aucune différence n'est relevée, on annule le billet à ordre.

Ce système est uniquement appliqué aux collections représentant une certaine valeur, telles que soieries confectionnées, confections en général, etc... Pour les échantillons de moindre valeur, soieries, draperies, échantillons mesurant généralement 0,25 × 0,50 ou 0,25 × 1,00, on se contente de les rendre inutilisables en les perçant au milieu ou en les marquant du cachet « not for sale ».

Itinéraire. — Conditions de séjour. — En ce qui concerne les itinéraires du voyageur de commerce au Chili, il est impossible de donner d'indications d'ordre général. Tout dépend, non seulement de la nature des marchandises dont il désire organiser la vente, mais encore de la voie qu'il aura adoptée pour arriver au pays. Il peut, en effet, parvenir au territoire chilien :

1° Par la voie Buenos-Aires-Mendoza-Santiago-Valparaiso (la plus rapide et la plus usitée, dont le seul désavantage est d'être trop coûteuse pour le transport des bagages) ;

2° Par la Bolivie, soit par la ligne La Paz-Arica, soit par la ligne La Paz-Antofagasta ;

3° Par le Pérou (par Mollendo-Arica-Iquique) ;

4° Par la voie de Magellan (qui exige dix à douze jours de plus que la voie Buenos-Aires-Santiago, pour le voyageur venant d'Europe) ;

5° Par la voie de Panama-Valparaiso.

On établira des itinéraires selon les cas particuliers en tenant toujours compte de ce que les localités à visiter entre les ports peuvent être atteintes sur la côte par des Compagnies de vapeurs locales et à l'intérieur du continent par le « Longitudinal », ou par ses ramifications transversales.

Les prix des hôtels sont variables. Dans les meilleurs hôtels de Valparaiso et de Santiago, le prix de la pension oscille entre 20 et 50 pesos par jour, et, dans les hôtels de second ordre, il varie entre 10 et 25 ; ces derniers prix représentent aussi la moyenne des villes de moindre importance.

En général, au Chili, le coût de la vie est assez élevé. Ci-après nous reproduisons les nombres indices des prix de gros pour l'année 1928-1929 (février) [1913 — 100] :

	1928									1929	
	Feb.	May.	June	Jul.	Aug.	Sept.	Oct.	Nov.	Dec.	Jan.	Feb.
Produits agricles et mines.	162,0	176,9	177,5	177,5	173,8	164,2	165,7	168,5	168,3	170,8	172,5
Produits fabriqués	221,9	221,6	218,9	222,6	218,4	213,7	212,9	209,4	207,8	210,9	211,4
Produits importés.......	204,8	208,3	205,2	206,1	205,1	205,5	204,5	206,7	207,3	207,7	211,3
Indice général	188,8	196,8	195,6	196,8	193,6	187,6	187,9	188,7	188,3	190,5	192,3

Documents exigés

Connaissements et factures consulaires.

Visa du connaissement : 25 francs pour chaque exemplaire. Consulat général à Paris ou port d'embarquement.

Facture consulaire.

Langue requise : espagnol ou français.

Nombre d'exemplaires : cinq.

Coût et visa de la facture : Les droits consulaires pour les factures sont établis par le décret du 22 septembre 1925.

(1) Pour les factures d'une valeur déclarée inférieure à $ 200, les droits sont :

$ 0 pour les factures de $ 0 à $ 9,99 ;
$ 2 pour les factures de $ 10 à $ 19,99 ;
$ 5 pour les factures de $ 20 à $ 200.

(2) Au-dessus de $ 200, la perception est de 2 % sur l'excédent.

Le paiement des droits pourra être fait, soit en dollars espèces, soit en chèques bancaires sur des établissements de premier ordre, soit en francs au taux du change du jour où sera déposée la facture.

Les exemplaires supplémentaires, en plus de cinq exigés par la loi, sont taxés à raison de 1,25 piastre-or par exemplaire (25 francs-papier).

Lieu du visa : Consulat général à Paris ou port d'embarquement.

Remarque. — La légalisation des factures consulaires pour le Chili est obligatoire tant pour les marchandises expédiées sous connaissements ou reçus que pour celles expédiées par la voie postale, colis postaux, valeurs déclarées, etc..., quelle que soit leur valeur. L'omission de cette formalité sera punie d'une amende du triple de la valeur du droit consulaire qu'on aurait dû acquitter, en dehors des poursuites qui peuvent avoir lieu pour avoir déclaré la marchandise d'une valeur inférieure au réel. Toutefois, la légalisation des factures relatives à des colis postaux d'une valeur inférieure à 125 francs-or se fera gratuitement, ce minimum ne s'appliquant pas à chaque colis séparément, mais à la valeur totale d'une expédition d'un ou plusieurs colis adressés au même destinataire.

Les factures doivent être datées et signées, et porter les indications suivantes : noms de l'expéditeur et du consignataire ou destinataire ; lieu d'expédition et de destination ; nom du navire, au cas où la facture est expédiée dans le port d'embarquement même ; marques, numéros, nombre, espèce des colis et leur poids brut ; poids net et prix de chaque marchandise ou colis. Si un colis contient différentes espèces de marchandises, il n'est pas nécessaire d'indiquer le poids net et le prix de chacune d'entre elles.

Si les prix indiqués dans les factures ne correspondent pas aux prix courants de la place, le Consul a le droit de le signaler au bas de la facture légalisée, après les avoir contrôlés avec ceux indiqués dans les factures originales.

Les expéditeurs devront faire présenter aux douanes du Chili l'exemplaire de la facture portant la légalisation avec les timbres respectifs annulés.

Des formulaires pour les factures consulaires sont en vente au Consulat Général du Chili, à Paris, au prix de 50 centimes l'exemplaire.

Douanes

Les droits appliqués sont généralement des droits spécifiques prélevés au poids brut ou net des marchandises ; ils sont payables en monnaie-or chilienne à raison de 18 pence la piastre-or.

Le tarif douanier de 1916, qui était modéré, a été augmenté de 50 % en moyenne par la loi du 21 février 1921. (Les soieries ont subi une augmentation de 60 %, les bijoux, la parfumerie et les eaux minérales ont été élevées de 100 %, et les vins, liqueurs, spiritueux, champagnes et mousseux, de 200 %.)

De nombreux projets de revision du tarif, s'inspirant tous d'idées protectionnistes, ont été discutés au cours des dernières années. Ils ont abouti au nouveau tarif douanier mis en vigueur par la loi du 27 février 1928.

Le tarif actuel, tout en présentant une augmentation moyenne de 20 à 25 % sur le précédent, n'impose par certains taux prohibitifs qui avaient été préconisés par des groupements industriels du pays.

Le tarif douanier est un tarif minimum, le Gouvernement ayant le droit d'augmenter à concurrence de 50 % les taux pour les marchandises importées des pays qui n'accordent pas au Chili le bénéfice de leurs tarifs minima.

En ce qui concerne le commerce français, il est intéressant de constater que certains produits essentiellement français ont, non seulement évité la menace de la prohibition, mais encore bénéficié de réductions très sensibles. Dans cette catégorie de produits favorisés par le nouveau tarif se trouvent notamment :

Le champagne (dégrèvement de $ 15 par bouteille) ; le cognac et les liqueurs (dégrèvement de $ 7 par bouteille) ; les eaux minérales (dégrèvement de 200 %) ; la parfumerie ; la ganterie ; les soieries et tissus diaphanes ; certains produits pharmaceutiques, etc...

Par contre, ont subi une forte majoration les tissus de laine et de toile de coton (de 150 à 250 %), les huiles d'olive (75 %) et le chocolat (66 %).

(Consulter le tarif complet à l'Office du Commerce Extérieur, Section Douanes.)

PROHIBITION A L'IMPORTATION. — Elles sont peu nombreuses et ont trait presque uniquement aux denrées nocives ou falsifiées ou à des mesures de prophylaxie contre les maladies du bétail.

DROITS A L'EXPORTATION. — Ils sont prélevés sur le nitrate, l'iode, le fer, le borax.

FRANCHISE EN DOUANE. — Les échantillons sans valeur sont exempts de droits ; leur envoi doit être effectué « by open mail ».

Les échantillons de valeur sont également exempts de droits à condition d'être réexportés dans les six mois.

Rentrent en franchise les objets suivants apportés par les voyageurs :

a) Articles de voyage, vêtements, articles électriques, de toilette et d'usage personnel, usagés, qui apparaissent clairement dépréciés et qui ne puissent pas être vendus comme marchandise neuve ;

b) Livres imprimés ;

c) Objets d'usage exclusif aux professions ou métiers ;

d) 100 cigares, 500 cigarettes et 500 grammes de tabac ;

e) Les effets personnels, mobilier de maison ou installation, outils de métier et instruments agricoles qui appartiennent aux immigrants venant se fixer dans le pays ;

f) Les marchandises étrangères jusqu'à concurrence de 500 pesos de droits. Les voyageurs qui vont d'un port à un autre du pays ne jouissent pas de cette exemption.

Magasinage en douane. — Les marchandises en magasinage paient une taxe représentant un pourcentage sur leurs droits de douane correspondants. La taxe varie suivant la durée du séjour des marchandises dans les Entrepôts de la Douane.

Les marchandises retirées dans le premier mois de leur entrée paient le 3 % des droits de douane ;

Dans le 2e mois, le 4 % des droits de douane ;

Dans le 3e mois, le 6 % des droits de douane ;

Dans le 4e mois, le 8 % des droits de douane ;

et successivement 2 % de plus pour chaque mois supplémentaire, le minimum étant de $ 4 par tonne pour chaque mois.

Marques de fabrique et de commerce

La marque de fabrique (marca de fábrica) consiste en un nom propre, emblème, signe ou devise adopté par un fabricant pour distinguer son établissement et les articles de sa spécialité.

La marque commerciale (marca comercial) est celle qui est reproduite sur les étiquettes des marchandises, suivie des initiales M. C.

L'enregistrement ou le dépôt des marques de fabrique et de commerce se fait à la Société Nationale d'Agriculture (Sociedad Nacional de Agricultura), à Santiago, et coûte 12 pesos par marque de fabrique et 3 pesos par marque de commerce ; sa durée de validité est de 10 ans.

La falsification et l'emploi frauduleux des marques de fabrique et de commerce sont punis de la prison et d'une amende.

On conseille de déposer les marques de commerce au Chili, car la loi chilienne n'oblige pas le déposant à faire la preuve qu'il est propriétaire de la marque qu'il dépose, ni qu'il l'emploie déjà en fait, et il en résulte que n'importe qui peut effectuer un dépôt au détriment du propriétaire réel, si celui-ci a négligé de prendre ses précautions. La priorité de l'enregistrement l'emportant en matière de dépôt des marques sur la priorité d'usage ou de propriété, on devra donc avoir soin de faire déposer la marque avant d'envoyer la marchandise ou même des échantillons.

Fêtes légales

Les fêtes légales, au Chili, sont : 1er janvier, Vendredi Saint, Ascension, 21 Mai (bataille d'Iquique), Fête-Dieu, 29 juin (Saints Pierre et Paul), 1er juillet, 15 août, 18 septembre (Fête de l'Indépendance Nationale), 19 septembre, 12 octobre (Découverte de l'Amérique), 1er novembre, 8 décembre, 25 décembre, et le jour de l'élection présidentielle.

Législation commerciale

Effets de commerce. — La législation sur les lettres de change se trouve dans le Code chilien de Commerce du 23 novembre 1865, mis en vigueur le 1er janvier 1867 (articles 620 à 764) ; d'importantes modifications y ont été introduites par le décret-loi du 19 décembre 1925.

Le billet à ordre figure également dans le Code de Commerce faisant l'objet des articles 765-771 et 778-781, ainsi que de certaines dispositions du décret-loi du 19 décembre 1925.

Il existe, en outre, dans la législation chilienne un troisième genre d'effets de commerce, la « Libranza », qui ne diffère maintenant en rien de la lettre de change.

Avant la promulgation du décret-loi du 19 décembre 1925, la lettre de change, pour être valable, devait être tirée d'un lieu différent de celui du paiement. La « Libranza », au contraire, pouvait être émise et payée dans le même lieu.

Le décret-loi ci-dessus mentionné ayant supprimé la réserve

au sujet du lieu d'émission de la lettre de change, il n'y a plus de différence entre ces deux documents. Cependant, on a conservé l'usage de la « Libranza » pour des paiements auxquels on ne veut pas donner un caractère commercial, ce qui est impossible avec la lettre de change ou le billet à ordre, qui représentent toujours des transactions commerciales.

La réforme du Code de Commerce est actuellement à l'étude et il est probable que de nouvelles dispositions seront introduites dans la législation concernant les effets de commerce.

Lettres de change

Généralités. — La lettre de change doit obligatoirement énoncer :

1° Les lieu, jour, mois et an où elle est tirée ;

2° L'échéance ;

3° Les nom et prénoms de la personne à l'ordre de laquelle il est prescrit de faire le paiement ;

4° La somme que le tireur ordonne de payer ;

5° L'indication du montant de la lettre de change, soit en argent comptant ou en marchandises, soit valeur en compte ou « valeur entendue » ;

6° Les nom et prénoms de la personne qui a remis la valeur ou de celle au compte de qui la valeur est portée (tiers porteurs) ;

7° Les nom et prénoms du tiré et le lieu de paiement lorsqu'il est différent de celui où le tiré est domicilié.

La lettre de change doit, en outre, porter la signature du tireur ou de la personne qui signe pour lui, en vertu d'un pouvoir spécial.

La lettre de change doit être tirée à ordre ; cette clause, toutefois, peut être remplacée par celle de « au porteur légitime », « à la disposition de », ou par d'autres équivalentes.

La lettre de change dans laquelle manque l'une des formalités légales sera considérée comme une simple promesse de paiement.

Délai de paiement. — Les lettres de change à terme seront payées le jour de leur échéance, avant le coucher du soleil. Si le jour de l'échéance est un jour férié, la lettre de change sera payée la veille. La loi ne prévoit pas de jour de grâce pour le paiement.

Acceptation. — Le tiré est tenu de donner son acceptation ou de la refuser le jour même où le porteur lui présente à cet effet la lettre de change.

Aucune formalité spéciale n'est prescrite pour l'acceptation.

Protêt. — On distingue le protêt pour défaut d'acceptation et le protêt pour défaut de paiement.

Le protêt faute de paiement doit être fait le lendemain de l'échéance.

Le protêt faute d'acceptation doit être formalisé le jour qui suit la présentation et, si ce jour est férié, le jour qui suit.

Le porteur n'est pas dispensé de l'obligation de faire protester la lettre de change par suite de la faillite, de l'interdiction ou du décès du tiré.

Les protêts de toutes natures doivent être faits devant un notaire public assisté de deux témoins ou, à son défaut, devant le subdélégué respectif et deux témoins.

Les lettres de change impayées à leur échéance et non protestées dans les délais légaux sont périmées ; les droits du porteur contre le tireur et les endosseurs deviennent caducs.

Le porteur doit donner avis du protêt dressé faute de paiement à son cédant, en lui transmettant le protêt par le premier courrier, ou, au plus tard, par le deuxième, afin que celui-ci à son tour prévienne son endosseur, et ainsi successivement jusqu'au tireur.

Si la lettre de change est protestée pour défaut de paiement ou d'acceptation, le porteur devra demander l'acceptation ou le paiement aux garants indiqués par le tireur ou à leur défaut aux recommandataires indiqués par les endosseurs, suivant l'ordre des endossements.

Les protêts faute de paiement font courir les intérêts au profit du porteur.

Prescription. — Les actions dérivant de la lettre de change contre les débiteurs principaux ou contre les garants du paiement se prescrivent par 4 ans, à compter de la date de l'échéance de la lettre de change.

Frais de protêt. — Les frais de protêt ne dépendent pas du montant de la traite. Le protêt est dressé sur papier timbré à 5 pesos.

Les notaires prélèvent de 20 à 30 pesos, suivant la localité où réside le tiré. Au cas où le recouvrement a eu lieu après protêt, les banques locales perçoivent, en général, une commission de 1/4 %.

Timbre (loi du 15 février 1928). — « Lettres de change », « Libranza », ou ordres de paiement, distincts des chèques, émis et payables dans le pays, pour chaque exemplaire, au moment de l'émission : Vingt centavos par mille pesos ou fraction.

« Lettres de change », « Libranza », ou ordres de paiement, inclus les chèques, émis dans le pays et payables à l'étranger, sur chaque exemplaire, au moment de l'émission : Trente centavos par mille pesos ou fraction, ou son équivalence en monnaie étrangère.

« Lettres de change », « Libranza », ou ordres de paiement, émis à l'étranger et payables au Chili, inclus les chèques : Quinze centavos par mille pesos. Le droit est acquitté au moment du paiement si l'effet est à vue, au moment de l'acceptation s'il est à échéance, et au moment du protêt pour défaut d'acceptation ou de paiement. L'impôt se paie sur l'exemplaire qui est présenté.

Chèques. — La législation sur les chèques se trouve dans les lois du 8 février 1922 (N° 3845) et du 23 mars 1926 (N° 394).

Les chèques émis et payables dans le pays acquittent un droit de timbre de quinze centavos.

Les chèques émis à l'étranger et payables au Chili, et vice versa, paient un droit de cinq centavos par mille pesos ou fraction.

COLOMBIE

REPUBLIQUE UNITAIRE divisée administrativement en 14 départements, 3 intendances et 6 commissariats.

Gouvernement et Administration. — La Constitution actuelle date du 4 août 1886, mais elle a subi depuis cette époque diverses modifications, notamment en 1905 et en 1910.

Le Pouvoir exécutif est entre les mains d'un Président élu pour 4 ans au suffrage direct et non rééligible immédiatement. Il est assisté de deux Vice-Présidents, nommés par le Congrès pour une année, et d'un Conseil des Ministres composé de 8 membres.

Les Gouverneurs départementaux, les Intendants et les Commissaires — ces deux derniers chargés d'administrer, respectivement, les Intendances et les Commissariats — sont nommés directement par le Président de la République.

Le Pouvoir législatif est exercé par un Congrès de deux Chambres : le Sénat, composé de 34 membres élus pour 4 ans par les collèges électoraux des départements, et la Chambre des Représentants, dont les 92 membres sont élus pour deux ans par vote direct dans les dix-sept circonscriptions électorales, à raison d'un représentant pour 50.000 habitants. Le Congrès des deux Chambres se réunit à Bogota, tous les ans, le 20 juillet.

Le Pouvoir judiciaire est exercé par le Conseil d'Etat, la Cour Suprême de Justice, les Juges supérieurs, les Juges de circuit et les Juges municipaux.

Les Finances publiques. — Le développement des finances publiques ressort du tableau ci-après, reproduisant les recettes et les dépenses ordinaires de la République de Colombie durant les 6 dernières années (en pesos-or) :

	1923	1924	1925	1926	1927	1928
Recettes	32.425.591	32.576.680	45.005.038	54.163.088	60.639.694	74.337.000
Dépenses	21.440.345	23.179.928	29.874.067	46.372.006	48.923.664	75.999.204
Balance	10.985.246	9.396.752	15.130.971	7.791.082	11.716.030	-1.662.204

Durant la période comprise entre 1922 et 1926, la République de Colombie a reçu des Etats-Unis du Nord, à titre d'indemnité pour la perte du territoire de Panama, 25.000.000 de dollars. Pendant cette même période, en dehors des dépenses ordinaires auxquelles elle a fait face, la Colombie a diminué sa dette nationale de plus de 23.500.000 dollars, elle a investi 6 millions de pesos comme capital initial de la Banque de la République et de la Banque Agricole Hypothécaire, et elle a dépensé plus de 57 millions de dollars en construction de voies ferrées, etc... La dette nationale, intérieure et extérieure, à la date du 1er juillet 1929, a atteint en chiffres ronds 82.000.000 de dollars.

SUPERFICIE : 1.366.400 kilomètres carrés environ.

POPULATION : 7.967.788 habitants au recensement officiel de 1928, soit une densité moyenne de 6 habitants par kilomètre carré. Très peu d'étrangers. La population est formée de blancs, d'Indiens, de métis et de nègres. La race blanche, pure ou mêlée à des éléments d'autres races, prédomine ; la race indienne pure représente environ 7 % de la population, la race nègre environ 5 %.

La population est en grande majorité de religion catholique romaine ; quatre archevêchés : à Bogota, Cartagena, Medellin et Popayan.

INSTRUCTION : L'enseignement est divisé en primaire, secondaire, supérieur et professionnel. L'Université de Bogota, fondée en 1572, et l'Ecole des Mines de Medellin sont des établissements d'Etat, les quatre autres Universités sont des institutions départementales.

ARMÉE : Le service militaire est obligatoire ; sa durée dans l'armée active est de 12 à 18 mois suivant les armes.

Effectif de paix : environ 6.000 hommes.

Effectif de guerre : 100.000 hommes.

La marine comprend : 3 patrouilleurs, garde-côtes, lancés en 1925 aux Chantiers de Saint-Nazaire, 1 canonnière et 2 canonnières fluviales.

LANGUE : Espagnol.

Topographie et Climat : La Colombie est un pays privilégié quant aux débouchés sur la mer ; elle a en effet 1.045 kilomètres de côtes sur la Mer des Antilles et 753 sur l'Océan Pacifique. A l'intérieur, on peut diviser le pays en deux grandes régions : la zone ouest, montagneuse, qui comprend 30.000 kilomètres de plateaux élevés et fertiles, et les vallées du Magdalena et de ses affluents, dont le principal est le Cauca ; la zone est et sud, région des plaines, qui comprend plus de 80.000 kilomètres carrés de vastes *llanos,* aux pâturages naturels et aux forêts immenses, qui vont se prolongeant jusque dans les bassins de l'Orénoque et de l'Amazone.

Le climat, chaud et humide à la côte — où la température moyenne de l'année est d'environ 27° — est encore plus chaud dans la vallée du Magdalena et de ses affluents et dans les *llanos,* où le thermomètre atteint fréquemment 37°, voire 39° à l'ombre. Par contre, la température moyenne est beaucoup plus supportable sur le Haut-Plateau, où le climat est tempéré ou froid, selon l'altitude. A Bogota, cette moyenne est de 15°, à Medellin, Cartago, Ibagué, elle est de 15 à 22.

La saison des pluies sur le fleuve Magdalena, la grande artère du pays, comprend deux périodes : l'une en avril-mai, l'autre en octobre-novembre.

D'une manière générale, le climat colombien est salubre. Contre les fièvres intermittentes, désagréables, mais bénignes, qui sévissent dans les régions chaudes, on peut prendre des mesures préventives. Sur les côtes et dans les régions très élevées, on a à lutter contre la dysenterie. La mortalité ne dépasse pas les moyennes normales.

Villes principales

1. Bogota : Capitale de la République et du département de Cundinamarca, située sur un plateau, à 2.640 mètres d'altitude. Malgré son éloignement de la côte (1.150 kilomètres), joue un grand rôle au point de vue commercial, comme centre de répartition pour le Haut-Plateau. Réputée également comme centre universitaire et artistique. 235.421 habitants (1928). La ville, fondée en 1538, a suivi les progrès de l'urbanisme. Siège des principales maisons d'importation du pays.

Les industries de Bogota sont les lainages (filatures et tissages), ciments et briques, cuirs, bière, allumettes.

Bogota est reliée par voie ferrée à Facatativa et Girardot, à Velez (225 kilomètres au Nord), à Sibate (à 25 milles au Sud-Ouest).

2. Barranquilla : Chef-lieu du département de l'Atlántico, à l'embouchure du Magdalena, à 1.150 kilomètres de Bogota ; principal port du pays, environ la moitié des marchandises entrant en Colombie passent par la douane de Barranquilla. Climat très chaud, tempéré par les vents alizés. 139.491 habitants.

On se rend de Barranquilla à Bogota par bateau jusqu'à Girardot, port fluvial du Magdalena, et par train de Girardot à la capitale. Durée du voyage : 9 jours, parfois plus ; prix : de 2.000 à 2.500 francs. Un service d'hydravions fonctionne régulièrement entre Barranquilla et Girardot (les départs de Barranquilla ont lieu les mardis, jeudis et samedis). Durée du voyage : 6 heures. Prix : aller, 5.000 francs ; aller et retour, 8.750 francs. Une ligne postale aérienne est également établie entre Barranquilla, Colon et Buenaventura.

3. Medellin : Chef-lieu du département d'Antioquia, à 900 kilomètres de la côte ; la deuxième ville de Colombie. On y accède par le Magdalena, que l'on remonte jusqu'à Puerto-Berrio, et par voie ferrée de cette ville à Medellin. 140.375 habitants.

Centre industriel très important; plus de 40 entreprises y produisent des lainages et des cotonnades, des cigares et cigarettes, des chapeaux, des faïences, de la verrerie et des allumettes. Est également le principal centre minier et celui du café colombien.

4. Cartagena : Chef-lieu du département de Bolivar, port pittoresque sur la Mer des Antilles. 86.467 habitants. Un pipeline long de 350 milles apporte du pétrole de Baranca-Bermeja jusqu'aux docks, et le développement de l'industrie pétrolière laisse à prévoir que l'importance com-

merciale de ce port — le second du pays — sera bientôt accrue.

Cartagena est reliée par voie ferrée au port fluvial de Calamar, sur le Magdalena, des trains quotidiens assurent la liaison avec les services de vapeurs. Une ligne aérienne est établie entre Cartagena et Barranquilla. On peut en outre atteindre ce dernier port, pendant la saison sèche, par un service d'autocars (6 heures de trajet).

5. Cali : Chef-lieu du département d'El Valle et centre commercial de l'Ouest Colombien, situé favorablement dans la vallée du fleuve Cauca, à 1.030 mètres d'altitude, à 120 kilomètres de Buenaventura, à 135 kilomètres de Popayan et à 493 de Bogota. 124.857 habitants.

Est relié par voie ferrée à Buenaventura, Cartago, Piendamo, par avion à Manizales et Medellin ; ligne postale aérienne avec Popayan et Manizales ; service de vapeurs de Cali à Cartagena sur le Cauca.

6. Manizales : Chef-lieu du département de Caldas, à 2.300 mètres d'altitude ; important commerce de café et de cacao ; centre minier. 85.203 habitants.

Est relié par le Pacific Railway à Buenaventura, Actuellement, le voyageur qui vient de la côte Atlantique gagne, par le Magdalena, La Dorada, d'où il se rend par voie ferrée à Mariquita et, de là, atteint, par mules, Manizales. Un câble aérien de 72 kilomètres, ouvert au transport des marchandises, relie également cette dernière ville à Mariquita. Ligne postale aérienne avec Popayan, Medellin et Cali.

La ville a beaucoup souffert du grand incendie de 1925.

7. Santa-Marta : Chef-lieu du département de Magdalena, port sur la Mer des Antilles, à 180 kilomètres de Cartagena ; commerce de fruits, particulièrement de bananes (20.000 hectares de plantations), de cacao et de café. 18.000 habitants (1918).

Est relié à Barranquilla par un service local de vapeurs, et à Fundacion, Gavia, Cienaga et Aracataca par une voie ferrée qui doit être prolongée jusqu'à Plata, sur le Magdalena.

8. Buenaventura : Dans le département d'El Valle, le plus important port colombien sur le Pacifique, à 560 kilomètres de Panama. Grand centre d'exportation du café, de l'or et du platine, provenant du Choco et de la côte sud de Colombie. 5.000 habitants (1918). Pêcheries de perles.

Est le point terminus du Pacific Railway qui le relie à Cali, Cartago, etc... Câble sous-marin.

9. Tumaco : Dans le département du Nariño, port sur le Pacifique, à 325 kilomètres de Buenaventura, à 850 kilomètres de Bogota ; exportation de caoutchouc, ivoire végétal, cuivre, cacao, tabac. 3.500 habitants (1918).

Est relié par avion à Pasto, le chef-lieu du département, et à Buenaventura et Panama par un service de vapeurs.

10. Puerto-Colombia : Avant-port de Barranquilla (département de l'Atlantico). 1.600 habitants (1918). Possède le second wharf du monde (3.300 mètres de long). Est relié à Barranquilla par voie ferrée.

Economie nationale

Agriculture. — Placée entre deux océans, traversée par de nombreux fleuves, surmontée de la masse des Andes, la Colombie contient un ensemble de richesses végétales et minières que l'on trouve rarement ailleurs. La variété des climats permet au pays d'offrir les produits agricoles les plus divers.

Le café se classe au premier rang. On le cultive sur près de 150.000 hectares, plantés de plus de 200 millions de pieds. L'exportation moyenne des dernières années a dépassé 2 millions de sacs de 60 kilogrammes, représentant environ 80 % de la valeur totale des exportations du pays. Elle a atteint, en effet, 1.948.365 sacs en 1925, 2.454.251 en 1926 et 2.528.826 en

1927 ; le 80 % est acheté par les Etats-Unis, le marché de New-York réglant les prix. La France n'en importe annuellement que de 300 à 400 tonnes.

Comme producteur de cafés fins, la Colombie est le premier pays du monde et le deuxième, après le Brésil, quant à la quantité. Les capitaux investis dans cette branche de l'industrie agricole dépassent 80 millions de dollars.

On distingue deux zones de culture du café : la zone nord, avec les départements du Magdalena, de Santander del Norte et del Sur, d'Antioquia (qui produit le « medellin », d'une qualité supérieure) et de Caldas, où la récolte est faite pendant les mois de décembre à février ; la zone sud, avec les départements de Cundinamarca, Huila et Tolima, où la récolte a lieu de mai à juin.

La domination du marché par les acheteurs de l'Amérique du Nord crée une tendance à la compression des prix du café. La situation s'aggrave du fait qu'il n'existe pas en Colombie d'établissements de crédit appropriés aux besoins des planteurs.

Pour parer au danger que représente la dépendance d'un seul client, un effort avait été tenté pour développer l'exportation vers l'Europe. Sous les auspices du Gouvernement, une Fédération de Planteurs avait été créée, dont la mission serait d'organiser l'exportation et d'instituer un établissement de crédit pour le financement des récoltes du café.

Une taxe d'exportation sur le café était promulguée par la loi n° 76 de 1927 (10 cents par sac de 60 kilogrammes). Le produit de cette taxe sera versé en totalité à la Fédération des Planteurs du Café et sera destiné à l'amélioration de la production et à la défense du café colombien.

La banane, cultivée dans la zone tempérée comme dans la zone chaude, vient en second lieu. Ainsi qu'il a été dit, on la produit surtout dans le département de Magdalena, sur la côte nord, en raison des facilités d'embarquement. La production, qui était de 32.285 tonnes en 1908, a atteint 238.820 tonnes en 1926, 277.647 en 1927 et 280.367 en 1928.

La culture du tabac présente également une grande importance ; le tabac en feuilles est un article d'exportation.

Le coton, cultivé sur plusieurs points du territoire, particulièrement dans les départements d'Antioquia et de Magdalena, fournissait, en 1922, 429.871 kilos à l'exportation. Ce chiffre est descendu à 12.543 kilos en 1926, en raison des nouveaux besoins créés par l'industrie naissante du pays. Au jugement d'une délégation de la Fédération internationale des Filateurs, la surface de culture du coton, surtout dans la vallée du Cauca, peut être augmentée dans des proportions considérables, et cette branche agricole paraît appelée à un grand avenir en Colombie.

Le corozo, noix de palmier sylvestre à tige courte, dénommé en Colombie tagua ou ivoire végétal, récolté principalement dans la vallée du Magdalena et du Choco, fournit une exportation importante, mais inégale.

Mines. — Les principales richesses minières de Colombie sont :

Le *platine*, qui se trouve dans la région du Choco, dans les sables de la rivière San Juan et des affluents de celle-ci et dans le bassin de l'Atrato. La production de ce métal suit, depuis une dizaine d'années, une marche ascendante (854 kilos en 1917, 1.752 kilos en 1927). L'arrêt de la production russe a fait de la Colombie le premier producteur de ce métal précieux ;

L'*or*, qui se trouve surtout dans le département d'Antioquia et dans les montagnes qui séparent le Magdalena du Cauca. La production en décroît actuellement, non faute de minerai, mais par carence d'exploitants ;

Les *émeraudes*, dont la Colombie possède un monopole mondial, car celles qui proviennent de Russie sont très inférieures aux fameuses émeraudes des gisements colombiens de Muzo. L'exploitation de ces gisements et de ceux de Coscuez, Somondoco, etc., a été suspendue momentanément, et il est question d'y moderniser l'outillage ;

Le *pétrole*, dont l'exploitation récente se développe rapidement. Une dizaine de Sociétés, pour ne tenir compte que des principales, se proposent d'exploiter les terrains pétrolifères dont l'étendue globale est évaluée à plus de 80.000 kilomètres carrés. Les zones reconnues sont celles de la côte Nord et du Golfe d'Uraba (448 kilomètres de long sur 80 de large), la région de l'Atrato, la vallée de Magdalena, la zone Tolima-Cundinamarca, la zone de la Barco, près de la frontière vénézuélienne, etc... La principale production est fournie par le champ de Barranca-Bermeja.

La production a atteint, en 1928, 19 millions 896.000 barils, en augmentation de 32,65 % par rapport à 1927. Le 85 % de l'exportation pétrolière va aux Etats-Unis, le reste en Grande-Bretagne.

Industrie manufacturière. — Les industries importantes sont celles des cotonnades de Medellin, Barranquilla, Suaita, Samaca et Manizales et des lainages de Bogota, tissus employés pour les vêtements bon marché. Il convient de signaler aussi les tapis de *fique*, sorte de chanvre local.

La seule industrie manufacturée qui figure à l'exportation est celle des chapeaux de paille dits « panamas » (du nom de l'un des principaux lieux de transit). La Colombie a expédié à l'étranger pour 339.933 pesos-or de ces chapeaux en 1923 ; la valeur de cette exportation a été de 453.853 pesos-or en 1924, 268.721 en 1925, 572.608 en 1926 et 342.635 en 1927.

Commerce extérieur

De 1913 à 1928, le mouvement du commerce extérieur de la Colombie a été le suivant (en pesos) :

ANNÉES	EXPORTATIONS	IMPORTATIONS	TOTAL	BALANCE
1928...........	116.602.745	126.229.150	242.831.895	9.626.405
1927...........	124.323.771	121.817.623	246.141.394	2.506.148
1926...........	111.717.450	111.449.641	223.158.091	276.809
1925...........	84.363.382	85.829.707	170.193.089	— 1.466.325
1924...........	70.615.816	52.347.914	122.963.730	18.267.902
1923...........	60.257.172	57.783.798	118.040.970	2.473.374
1922...........	53.816.331	44.148.024	97.964.355	9.668.307
1921...........	63.042.132	33.078.317	96.120.449	29.963.815
1920...........	70.371.746	101.397.905	171.769.651	—31.026.159
1919...........	79.029.255	48.487.763	127.517.018	30.541 492
1918...........	37.728.559	22.034.004	59.762.563	15 694.555
1917...........	36.739.881	24.758.844	61.498.725	11.981.037
1916...........	36.006.821	29.660.206	65.667.027	6.346.615
1915...........	31.579.131	17.840.350	49.419.481	13.738.781
1914...........	32.632.884	20.979.228	53.612.112	11.653.656
1913...........	34.315.251	28.535.779	62.851.030	5.779.472

Importation. — Principaux articles : textiles ; produits pharmaceutiques et chimiques ; produits alimentaires (conserves, boissons, liqueurs, etc.) ; outillages agricole, minier, industriel ; objets fabriqués de toutes sortes.

Le pourcentage respectif pour les huit principaux pays importateurs, en 1927, était le suivant : Etats-Unis, 49,52 % ; Grande-Bretagne, 16,74 % ; Allemagne, 11,97 % ; France, 6,65 % ; Belgique, 3,73 % ; Italie, 3,57 % ; Hollande, 2,19 % ; Espagne, 2,07 % ; l'ensemble des autres pays, 3,56 %.

Exportation. — Principaux articles : café, bananes, platine, cuirs, or, chapeaux de paille, corozo, tabac, peaux brutes, etc.

Mouvement commercial avec la France. — Les importations françaises en Colombie, d'après les statistiques colombiennes, ont atteint, en 1927, le chiffre global de 6.558.549 pesos-or. Pour la période sensiblement correspondante, les Consulats colombiens du Havre, Saint-Nazaire, Bordeaux et La Rochelle accusent la répartition suivante des expéditions : Le Havre, 41.921.234 francs ; Saint-Nazaire, 37.429.992 francs ; Bordeaux, 15.961.533 ; La Rochelle, 1.183.264.

Les exportations de la Colombie vers la France, en décroissance durant ces dernières années, ont été : en 1924, de 688.649 pesos-or ; en 1925, de 454.016 ; en 1926, de 349.745.

Les produits français ou francisés bénéficient en Colombie du traitement de la nation la plus favorisée.

Informations consulaires

Légation de France à (1).

Agents consulaires français à : (2), (3), (4), (8), (6), (7), (9).

Attaché commercial français à (1) : M. Pierre Romieux.

Chambre de Commerce française à (1), Edifice Lievano, 104, place Bolivar.

Légation et Consulat général de Colombie en France : Paris, 22, rue de l'Elysée.

Consulats de Colombie en France : Bordeaux, Dunkerque, Le Havre, Lyon, Marseille, Nantes, Nice, Saint-Nazaire, Tours.

Vice-Consulats de Colombie : Cognac, Lyon, Toulon, Alger, Fort-de-France, La Rochelle.

Communications

La France est reliée aux ports colombiens de l'Atlantique par quatre lignes directes de navigation : La Compagnie Géné-Transatlantique, la Malle Royale Hollandaise et la Compagnie de Navigation Italienne et la Hambourg-Amerika Linie. Les ports colombiens du Pacifique sont desservis par transbordement à Cristobal par les vapeurs de la Compagnie Générale Transatlantique et de la Compagnie de Navigation Italienne.

Durée. — Les paquebots les plus rapides sont les paquebots de la Compagnie Générale Transatlantique ; ils arrivent à Puerto-Colombia en 16 jours.

Distances. — Havre-Puerto-Colombia, 5.300 milles marins.

Fréquence des départs. — Compagnie Générale Transatlantique : Service bi-mensuel, tous les 28 jours, du Havre le dimanche, et de Saint-Nazaire le vendredi, pour Puerto-Colombia-Cristobal, fret et passagers. Quatre vapeurs de charge du Havre et deux de Bordeaux pour Cristobal-Buenaventura-Tumaco (par transbordement). [Pour plus amples renseignements, consulter le livret du chargeur de la Compagnie Générale Transatlantique.]

Malle Royale Hollandaise : départ bi-mensuel de Boulogne pour Puerto-Colombia, fret et passagers.

Compagnie de Navigation Italienne : départ bi-mensuel de Marseille pour Puerto-Colombia et Buenaventura (transbordement à Cristobal).

Hambourg-Amerika Linie : départ bi-mensuel de Cherbourg pour Puerto-Colombia.

Communications intérieures. — Le réseau de chemins de fer comporte 2.350 kilomètres de lignes, dont 1.000 kilomètres sont exploités par l'Etat et le reste par les départements ou des Compagnies privées. Le chemin de fer du Pacifique, qui relie Buenaventura à Cartago, couvre actuellement une longueur de 550 kilomètres, le Central del Norte, — 275 kilomètres.

Une grande partie du trafic intérieur s'effectue par le Magdalena, navigable sur 1.500 kilomètres environ et accessible aux navires de grand tonnage, jusqu'à La Dorada, à 952 kilomètres de son embouchure. La navigation sur le fleuve est interrompue à La Dorada et reprise par des bateaux de moindre tonnage à Beltrau. Un chemin de fer relie La Dorada à Beltrau (112 kilomètres).

Les lignes aériennes qui relient Barranquilla à Barranca-Bermeja, Puerto, Berrio, Girardot, etc., déjà mentionnées, sont exploitées par la Sociedad Colombo-Alemana de Transportes aéreos. La poste aérienne de Barranquilla à Bogota couvre le trajet en 17 heures, tandis que le courrier postal ordinaire met huit à quinze jours suivant l'état des eaux du Magdalena.

Excepté dans le voisinage de Bogota, les bonnes routes sont encore assez rares en Colombie. De grands projets de viabilité sont actuellement en cours d'exécution, notamment de grandes routes pour les automobiles. Ainsi, toutes les principales villes des départements de Cundinamarca, Antioquia, Santander et Tolima, seront prochainement reliées entre elles par de bonnes routes.

Postes et Télégraphes

La longueur du réseau télégraphique colombien est de 35.005 kilomètres, avec 882 Bureaux télégraphiques. 9 Stations de T. S. F. fonctionnent à Bogota, Medellin, Barranquilla, Cali, Cucuta, etc.

Pour les télégrammes on paie 2 centavos par mot, 4 centavos pour les télégrammes envoyés « en urgent » et 8 pour les télégrammes dits « extraordinaires », envoyés en priorité. La communication télégraphique est assurée entre tous les points du territoire.

Les correspondances-avion à acheminer par les lignes aériennes de la Colombie doivent porter, outre l'affranchissement supplémentaire, la mention expresse : *par avion.*

En ce qui concerne les colis postaux, des difficultés, aujourd'hui aplanies, en avaient entravé le trafic entre la France et la Colombie, en 1927-1928, et auraient pu compromettre, si elles s'étaient prolongées, la bonne marche des transactions. Depuis qu'un accord est intervenu réglant l'acheminement des colis postaux et leur expédition en récipients clos, le trafic s'est normalisé. Limites pour les colis postaux : poids, 10 kilogrammes ; dimension, 1 m. 25 ; volume, 55 dm. cubes.

La Colombie n'admet pas les « valeurs déclarées », les mandats, les envois contre remboursement et les recouvrements ; elle admet les coupons-réponses.

Poids et Mesures

Le système métrique est officiellement adopté et d'un usage général, mais les mesures suivantes sont encore employées :

La vara cuadrada : 0 mq. 64 ; la fanegada : 6.400 mq. ; la vara granadina : 0 m. 80 ; la cuadra : 100 varas, c'est-à-dire 80 mètres ; la legua (lieue) : 62 cuadras 50 ou 5.000 mètres ; la cuarta : 0 m. 20 ; la pulgada (pouce) : 0 m. 025 ; l'arroba ou 25 libras : 12 kilos 50 ; la libra ou 16 onzas : 0 kilo 500 ; la tonelada (tonne) ou 80 arrobas : 1.000 kilos ; le saco ou 5 arrobas : 62 kilos 500 ; la carga ou 10 arrobas : 125 kilos. Le poids exact de l'ancienne onza (once), encore employée parfois, notamment pour le platine, est de 31 gr. 1.035.

Monnaie

L'unité monétaire de la Colombie est le peso, équivalent au pair à :

25,10 francs ;
97 cents ;
48 pence.

La Colombie a souffert pendant de nombreuses années des conséquences d'un régime de papier-monnaie inconvertible. L'inflation avait amené une dépréciation très forte des billets en circulation et du change colombien. La loi de 1916 (N° 65) consacra cette dévalorisation en stipulant que les billets de l'ancien papier-monnaie seraient échangés contre des émissions nouvelles et ce, à raison de 1 peso nouveau pour 100 pesos anciens.

La véritable réorganisation monétaire du pays date de 1923. Cette année-là, à la suite des travaux de la mission Kemmerer, fut créée la Banque Centrale d'émission (Banco de la República) et on assura la convertibilité en or des billets de cette banque. Actuellement, l'ancien papier-monnaie, ainsi que les bons du

Trésor et les certificats bancaires, ayant fait fonction de signes monétaires, ont presque complètement disparu de la circulation.

Les billets du Banco de la República sont garantis par une réserve d'or qui, statutairement, doit être au moins égale à 60 % du montant total de l'émission ; en fait, ce pourcentage a toujours été plus élevé. La situation monétaire du pays peut être actuellement considérée comme étant parfaitement saine.

Le change colombien avait, pendant les années 1926, 1927, légèrement dépassé le pair (le pair étant 100 pesos = 20 £). Il est revenu au pair en 1928, et depuis les variations du change se maintiennent dans les limites des gold points.

Banques

NOM DE LA BANQUE	SIÈGE	SUCCURSALES
Banco de la Republica	(1)	(2), (3), (4), (7), etc.
B. de Colombia	(1)	(4).
B. of London et South America Ltd	Londres	(1), (3), (4)
Banco Aleman Antioqueño	(3)	(4).
Anglo-South-American-Bank Ltd	Londres	(1), (2), (3), (4), (7).
Royal Bank of Canada	Montréal	(2), (3), (4)
B. Française et Italienne pour l'Amérique du Sud	Paris	(1).
Banco Agricola Hipotecario	(1)	

Usages bancaires et commerciaux

La loi bancaire de 1923 (N° 45) a sensiblement amélioré la situation bancaire du pays. Cette loi a créé un organe de surveillance et de contrôle, dénommé Direction Générale Bancaire (Superintendencia Bancaria), qui dépend du Ministère des Finances et du Crédit public, et qui est chargé de tout ce qui concerne l'organisation et le fonctionnement des banques du pays. Les pouvoirs de la Direction bancaire sont très étendus : elle accorde ou refuse l'autorisation de fonder de nouvelles banques ; elle inspecte au moins deux fois par an — et sans avis préalable — tous les établissements bancaires du pays, qu'il s'agisse de banques nationales ou étrangères ; elle surveille d'une façon permanente la gestion des banques ; elle peut procéder à la liquidation des établissements bancaires en cas de besoin.

La même loi fixe le capital minimum que doivent posséder les banques, suivant les localités où elles se livrent à leurs opérations. Elle établit des règles précises auxquelles les banques étrangères doivent se conformer pour opérer en Colombie. Elle détermine la proportion qui doit exister entre le passif de la banque et son capital et ses réserves, elle définit l'encaisse légale et en fixe le montant qui ne peut être inférieur à 25 % pour les Banques actionnaires du « Banco de la República », à 50 % pour celles qui ne le sont pas.

La loi précise également le genre d'opérations diverses que les banques peuvent effectuer ; elle détermine tout le régime bancaire, ainsi que celui des Compagnies d'assurances.

Parmi les établissements bancaires de création récente, figure le *Banco Agricola Hipotecario* (Banque Agricole Hypothécaire), fondée en vertu de la loi de 1924 (N° 68), en vue d'encourager et de faciliter les prêts à long terme à l'agriculture.

Le marché monétaire est dirigé par le Banco de la República, son taux d'escompte détermine d'une façon effective celui du marché. Actuellement le taux du Banco de la República, étant de 7 %, le taux courant d'intérêts dans le pays est de 9 %, c'est-à-dire environ la moitié de l'intérêt perçu avant la création de la banque d'émission.

La Banque paie pour les dépôts à terme des intérêts de 3, 4 et 6 %, selon qu'il s'agit de dépôts à 3 mois, 6 mois ou plus.

Les banques locales se chargent du recouvrement des créances. Selon instructions reçues, elles effectuent les protêts, consentent des prolongations, acceptent des acomptes, etc.

On recommande de consigner les marchandises à l'ordre de la banque chargée de la présentation des documents et de l'encaissement, car autrement un importateur de mauvaise foi peut se faire délivrer par les douanes les marchandises sur présentation d'une simple copie de la facture consulaire, le connaissement n'étant pas exigé par l'Administration des Douanes.

Les banques prélèvent une commission d'encaissement de 1/2 %. Ce taux augmente — allant jusqu'à 1 %, 1 1/2 % et 2 % — s'il s'agit de papier tiré sur des places lointaines.

Les banques s'occupent de toutes les opérations habituelles, telles que escompte, dépôts, prêts, change et, en outre, la plupart s'occupent de prêts sur hypothèques et font des avances aux exportateurs de café. Elles font payer 12 % d'intérêts pour leurs avances et, en cas de retard dans le service des intérêts, appliquent des pénalités pouvant s'élever jusqu'à 6 % l'an.

A la suite de la crise provoquée en 1920-1921 par la baisse du café, d'importantes maisons colombiennes furent obligées de demander des renouvellements ou des délais pour le paiement de leurs traites, mais l'attitude du commerce colombien fut correcte. Les exportateurs anglais firent largement confiance à leurs clients et continuèrent à envoyer des marchandises à ceux qui leur avaient demandé des délais de paiement. Les Allemands travaillèrent alors à des prix très bas, mais sans faire de longs crédits ; la plupart exigèrent le paiement comptant et facturèrent en dollars.

Quant aux Américains, les principaux importateurs en Colombie, ils consentirent en général les crédits demandés. Les maisons de commissions américaines accordent des crédits en prélevant 8 % d'intérêts et 5 % de commission. Le terme des crédits accordés par les Américains est de 120 jours de vue, plus rarement 90 ou 180 jours.

Les Anglais et les Français accordent généralement 90 à 180 jours, avec, pour leurs bons clients, paiement en compte courant.

Moyens de pénétration

Etude du marché. — Si l'on considère l'énorme distance qui sépare la France, quatrième pays importateur en Colombie, des trois concurrents qui tiennent la tête, on se rendra compte que la place de notre pays est encore bien modeste. Or, un effort utile est possible. A ce point de vue, il n'est pas sans intérêt de comparer les progrès respectifs de la France et de l'Allemagne. Tandis que cette dernière nation, de 1922 à 1926, doublait le chiffre de ses importations — son pourcentage passant de 6,36 à 12,35 — la France n'augmentait les siennes que dans la proportion de 26,60 %.

Dans de multiples cas, la France pourrait développer ses débouchés, signale à juste titre M. Romieux, notre attaché commercial en Colombie. C'est ainsi que la consommation colombienne en conserves alimentaires, consommation qui ne fait qu'augmenter de jour en jour, offre au commerce français des possibilités qui sont loin d'être épuisées.

Il est permis de souhaiter également que les centres d'élevage français fassent mieux connaître aux agriculteurs colombiens les ressources que ceux-ci pourraient tirer du cheptel français. En ce qui concerne les outillages agricole, minier et industriel, la France a quintuplé sa vente en trois ans, mais elle est séparée du concurrent qui la précède par un chiffre qui dépasse six fois l'ensemble de l'apport français. Cette constatation suffit à prouver que le développement de l'industrie et de l'exploitation minière colombiennes est tel qu'il laisse encore une marge suffisante à un accroissement de la vente française, à condition que des agents spécialisés visitent le pays, y montent le matériel vendu et soient à même de le livrer en ordre de marche, ainsi que font les concurrents.

On s'étonnera également que l'industrie automobile française n'ait fourni à la Colombie, en 1927, qu'une quinzaine de voitures. En s'adaptant aux méthodes commerciales du pays, les Etats-Unis, l'Italie et l'Allemagne se sont classés avant la France.

Parmi les autres articles dont la vente française pourrait être améliorée d'une façon considérable, il y a encore lieu de signaler particulièrement les textiles et les produits de savonnerie et parfumerie.

D'une manière générale, si le marché colombien n'est pas pour l'exportation française le débouché qu'il pourrait être, cela provient surtout de ce que les nations concurrentes ont apporté à l'exploitation de ce marché des méthodes souples et précises qui leur ont donné des avantages.

Les exportateurs des Etats-Unis jouissent d'une proximité qui les favorise beaucoup et explique leur façon d'agir. Ils ont des voyageurs qui travaillent à la commission, cherchent à emporter beaucoup de commandes, ne dédaignant pas la petite clientèle. Ces voyageurs, qui font plusieurs pays, restent peu de temps dans chaque localité.

Les Anglais, par contre, fournisseurs éloignés, ont des représentants installés à demeure, à Bogota ou à Barranquilla, et qui visitent leurs clients une ou deux fois par an. Jouissant d'un traitement fixe de base et d'un pourcentage sur les affaires, ces agents ne traitent qu'avec les maisons les plus importantes.

Le principe anglais est, en effet, de ne pas s'attarder à employer de multiples précautions pour négocier avec des firmes de second ordre, mais de traiter en toute confiance avec des maisons de tout premier ordre.

Cette méthode des premiers exportateurs européens pour la Colombie a fait ses peuves.

D'autre part, le commerçant français pourra utilement tenir compte de certains reproches formulés par les acheteurs colombiens en diverses occasions. Ceux-ci ont déploré notamment que les marchandises envoyées ne fussent pas toujours conformes aux échantillons, que l'emballage fût défectueux, que les produits, trop souvent standardisés, ne fussent point, malgré leurs réclamations, adaptés aux goûts de la clientèle.

Enfin, il est indispensable de s'assurer des agents sur place, car les affaires ne se traitent pas par correspondance dans ce pays. L'exportateur choisira un représentant dans chacun des trois grands centres commerciaux : Bogota, Barranquilla et Medellin, et attribuera à chacun une zone d'activité qui comprendra des places moins importantes. Il y a d'ailleurs des agents qui, installés à Bogota, font le nécessaire en visitant régulièrement les principales villes de tout le pays.

Publicité

La réclame au moyen des affiches et du cinéma peut être utilisée efficacement, mais le moyen le plus pratique de faire connaître un produit et d'en répandre l'emploi demeure la publicité par voie d'annonces dans les journaux.

On évitera en général les insertions dans les magazines hebdomadaires ou mensuels, qui ne touchent qu'un public trop restreint, pour se borner aux journaux quotidiens. Les principaux quotidiens de Colombie sont :

A Bogota : *El Espectador, El Diario Nacional, El Diario Oficial, El Nuevo Tiempo* et *El Tiempo ;*

A Medellin : *El Colombiano, El Correo Liberal, La Defensa* et *Colombia ;*

A Barranquilla : *El Liberal, La Nacion* et *Diario del Comercio ;*

A Cartagena : *La Epoca, El Diario de la Costa ;*

A Manizales : *La Patria, Universal ;*

A Bucaramanga : *El Eco de Santander.*

On conseille particulièrement l'annonce illustrée montrant l'article dans sa forme ou son empaquetage caractéristiques. Des résultats satisfaisants ont été obtenus, notamment en montrant la marchandise portée sur des mules, ce qui, dans beaucoup de pays sud-américains, donne l'impression que l'on peut s'en procurer n'importe où. Les illustrations d'annonce ou d'affiche inspirées d'une particularité historique — les Incas au Pérou, le Libérateur Bolivar en Colombie ou au Venezuela — ou géographique — une montagne fameuse, comme le Chimborazo en Equateur, une baie connue — contribuent, par leur couleur locale, à une bonne publicité. De toutes façons, peu de texte, beaucoup d'images. Quant au texte indispensable, on évitera d'y mettre des mots français — sauf dans le commerce de grand luxe — ou du moins on tâchera que la prononciation en soit aisée. Les marques déposées qui représentent un arbre, une fleur, un fruit de la flore colombienne, un quadrupède ou un oiseau du pays fournissent une excellente présentation. Elles peuvent d'ailleurs être utilisées généralement aussi bien au Venezuela et en Equateur.

Ces indications sont à retenir également pour les catalogues, qui doivent toujours être rédigés en langue espagnole, bien entendu.

Les prix des annonces dans les quotidiens sont variables : à Bogota et à Medellin, ils varient de 30 à 50 pesos pour une colonne sur une page à l'intérieur du journal et de 40 à 60 pesos pour une colonne de première page. Ce prix s'entend pour une insertion. Si l'on convient de plusieurs insertions, on peut obtenir par contrat des réductions considérables.

Voyageurs de Commerce

Itinéraires. — Le voyageur de commerce qui se propose de visiter la Colombie, en vue d'organiser ou de développer la vente d'une marchandise, doit prévoir à peu près deux mois de séjour dans le pays.

Ce temps peut être divisé comme suit : deux semaines dans les villes de la côte nord ; une semaine à Medellin ; dix jours employés à faire le voyage de la côte à Bogota ; dix jours de séjour à Bogota ; une semaine pour aller de Bogota à Manizales et visiter cette dernière ville ; dix jours pour aller de Manizales à Cali et y voir la clientèle ; enfin quatre ou cinq jours pour Buenaventura.

Tel est l'itinéraire prévu par les négociants des Etats-Unis, qui comptent pour le voyage — traversée de New-York ou de la Nouvelle-Orléans à Barranquilla et frais de séjour et de transport en Colombie — une dépense totale de 1.500 dollars.

La meilleure époque de l'année pour effectuer ce voyage est décembre-avril, bien que le niveau des eaux du Magdalena soit plus bas pendant ces cinq mois. D'ailleurs, les progrès récents des services aériens organisés par la Scadta (Sociedad Colombo-Alemana de Transportes Aéreos) permettent à présent d'écourter la durée des voyages. Cette Société, qui a doublé son capital en 1926, dispose actuellement de douze hydravions et d'un aéroplane pour assurer d'une façon régulière les liaisons mentionnées plus haut.

Passeports et taxes

Passeports et taxes. — Toute personne se rendant en Colombie doit être munie d'un passeport visé au Consulat de Colombie, à Paris, ou par le Consulat de Colombie du dernier pays visité. En outre, un certificat de vaccination de date récente est exigé.

Dans les cinq jours qui suivent leur arrivée en territoire colombien, les étrangers doivent se faire inscrire sur les registres de l'autorité locale et acquitter un droit d'un peso pour cette inscription.

Le bagage personnel maximum admis sans payer de droits est de 150 kilos par adulte, 75 kilos par enfant âgé de plus de 10 ans et 50 kilos par enfant au-dessous de cet âge. Pour les immigrants, le maximum est élevé à 500 kilos.

Les voyageurs de commerce sont soumis aux taxes prélevées par la plupart des municipalités des grandes villes. Les licences délivrées dans ces cas sont généralement valables pour 30 jours, mais, dans plusieurs villes, cette validité est prolongée jusqu'à trois mois. Le coût des licences varie de 20 à 40 pesos, suivant l'importance de la localité. Dans les villes principales, un fonctionnaire municipal visite les hôtels à l'effet de percevoir le montant des taxes. Beaucoup de voyageurs ne se font pas inscrire comme vendeurs, mais simplement comme « comerciantes » et comme tels n'ont pas de taxe à acquitter.

Cout de la vie. — Hôtels. — Le coût de la vie est assez élevé, en raison de facteurs multiples : loyers chers, la construction ne suivant pas l'accroissement de la population et de la richesse ; produits alimentaires coûteux ; objets manufacturés grevés de frais importants de transport, de commission et de douane, etc.

Le prix de la pension, dans les hôtels des principales villes de Colombie, telles que Bogota, Barranquilla et Medellin, varie de 4 à 6 pesos par jour. Dans les localités de moindre importance, on trouve des pensions de 2 $ 50 et 3 $, le confort y étant plus modeste.

Douanes

Le tarif douanier en vigueur a été adopté en décembre 1913 ; des lois ultérieures ont augmenté certains droits et modifié la classification de divers articles. Les droits sont spécifiques (à l'exception des pierres précieuses qui paient un droit *ad valorem* de 10 %) et sont prélevés sur le poids brut des marchandises ; l'emballage doit être par conséquent aussi léger que possible. La moyenne des droits est actuellement de $ 6,83 les 100 kilos. Certaines industries locales sont plus particulièrement protégées, telles l'industrie sucrière, les cotonnades, la chaussure, la fabrication de porcelaine et de verre, etc., mais, en général, le tarif douanier revêt un caractère fiscal, plus de la moitié des recettes budgétaires étant fournie par les douanes.

Quelques articles sont exempts de droits, par exemple le matériel de chemin de fer, les matériaux de construction, les aéroplanes, les livres, etc.

Consulter le texte du tarif douanier *in extenso* à la B. N. F. C. E., Service des Informations commerciales, ou à l'Office du Commerce Extérieur, Sections Douanes.

Vu la complexité du tarif (qui comporte 26 catégories et près de 2.000 articles) et l'importance des amendes infligées à la moindre irrégularité constatée, il est recommandé de demander l'avis des agents en douane ou des maisons d'importation locales.

Autres taxes. — En plus des droits de douane, une taxe de 2 % est prélevée pour le fonds de conversion et une taxe de 5 %, dite « taxe des routes » ; il existe également pour certaines marchandises importées (tabac, boisson, parfumerie, cartes) des taxes intérieures et une taxe pour les transports fluviaux, qui, pour la plupart des marchandises, est de $ 4 par tonne métrique.

L'admission temporaire est prévue dans certains cas.

Echantillons. — Les échantillons sans valeur sont exempts de droits ; les autres paient les droits, dont 75 % sont remboursés lors de la réexportation, si celle-ci est effectuée dans les douze mois qui suivent la date d'entrée en territoire colombien.

Entrepôts en douane. — Les marchandises non dédouanées peuvent rester dans les entrepôts en douane un an ; ce délai passé, elles sont vendues aux enchères publiques.

Taxes : 15 premiers jours : gratuitement ;

30 jours suivants : 2 centavos par jour et par colis n'excédant pas 75 kilos ;

90 jours suivants : 5 centavos par jour et par colis n'excédant pas 75 kilos ;

Ensuite 10 centavos par jour et par colis n'excédant pas 75 kilos.

Les marchandises dédouanées peuvent rester dans les entrepôts de douane en payant un droit de $ 0,20 par jour et par tonne métrique.

Entrepôts privés. — Il existe des magasins généraux privés, mais non pas des entrepôts fictifs.

Marques de fabrique et de commerce. — Pour obtenir le dépôt d'une marque, le propriétaire doit en faire la demande au Ministère de l'Industrie.

La taxe à payer est de 25 pesos plus 5 pesos de frais de publication dans le *Journal Officiel*. L'enregistrement est valable pour 20 années, à l'expiration desquelles il peut être renouvelé moyennant un paiement de 30 pesos.

Documents exigés

Sont exigés : connaissements, factures consulaires, commerciales, certificats phytopathologiques.

Visa du connaissement. — Obligatoire. Coût du visa : 0,015 % de la valeur totale des cargaisons.

Lieu du visa. — Port d'embarquement.

Factures consulaires. — *Nombre d'exemplaires :* Cinq.

Langue requise : Espagnol.

Coût du visa : 3 % de la valeur totale de la facture.

Lieu du visa : Port d'embarquement. 48 heures au moins avant le départ du bateau.

Les factures doivent mentionner la classe de la marchandise au tarif douanier, sa valeur, les numéros des caisses ou colis, leur poids brut et net, le nom de l'expéditeur, la désignation du lieu de destination et le nom du vapeur.

Remarques. — Si la classe de la marchandise est mal indiquée, elle paie droits triples. Une marchandise non classée paie un droit de 60 % *ad valorem.* Dans le cas de l'impossibilité de classer les marchandises, il est recommandé de le mentionner sur la facture en demandant à l'Administration de faire l'estimation, ce qui évite les amendes. Les erreurs peuvent être rectifiées par une déclaration spéciale faite en langue espagnole et en quatre exemplaires ; le visa de cette déclaration coûte 60 francs.

Colis postaux. — Les factures consulaires ne sont pas nécessaires pour les colis postaux. Toutefois, les importateurs de marchandises par colis postaux sont obligés, à la réception, de présenter un duplicata de la facture originale, afin de permettre aux Bureaux de Poste de procéder à la liquidation douanière réglementaire.

Les marchandises importées en colis postaux ou en paquets recommandés acquittent une surtaxe de 15 % des droits de douane. La facture commerciale doit être rédigée de préférence en espagnol et indiquer :

a) Le nom de l'expéditeur, le lieu de provenance, le nom du destinataire, le lieu de destination et la date d'envoi ;

b) La marque, le numéro, la description, le contenu et le poids brut de chaque colis. S'il s'agit de colis de même espèce, le poids total de l'ensemble des colis suffit ;

c) Le contenu, par la désignation du nom, de la quantité et de la matière dont se compose chaque marchandise ;

d) Le prix de chacun des articles ou de chaque groupe d'articles et le prix total ;

e) Au bas de la facture, une note par laquelle l'expéditeur déclare, sous serment, que les valeurs attribuées aux articles énumérés dans la facture sont les mêmes que les prix de vente.

Certificats phytopathologiques. — Les certificats phytopathologiques sont exigés pour certains produits alimentaires et notamment pour les cargaisons de viande. Un certificat de laboratoire est également exigé pour les vins, liqueurs et les produits médicinaux.

Fêtes légales

En Colombie, les fêtes de l'Eglise catholique sont jours fériés. Sont également jours fériés : le 20 juillet, jour de l'Indépendance ; le 7 août, anniversaire de la bataille de Boyaca ; le 12 octobre, anniversaire de la découverte de l'Amérique.

Les jours fériés du Consulat général de Colombie à Paris sont : 1er janvier, jeudi et vendredi saints, 20 juillet, 7 août, 12 octobre et 2 novembre.

Législation commerciale

Conflit des lois. — La Colombie reconnaît en cette matière les principes suivants :

1° La loi du pays où le contrat a été conclu détermine sa validité, sauf stipulations contraires des parties.

Au cas où les deux parties contractantes résident dans des pays différents, c'est la juridiction du pays de la partie qui accepte une offre déterminée par le contrat qui est applicable ;

2° Un contrat conclu à l'étranger est légalement exécutoire sur le territoire de la Colombie.

Toutefois, si une transaction, selon la loi colombienne, doit revêtir la forme d'un acte public et, qu'à l'étranger, elle n'a été conclue que sous seing privé, la transaction n'a aucun effet légal en Colombie et ce, nonobstant le fait que la juridiction étrangère n'imposait pas la forme d'acte public.

D'après la loi colombienne, on est en présence d'un acte privé, quand il est rédigé et signé par les parties ou devant témoin et d'un acte public quand il est rédigé et signé devant un notaire et contresigné par deux témoins.

Exécution de jugements étrangers. — En absence des conventions spéciales réglant la matière, la Colombie accorde l'exequatur aux jugements des tribunaux étrangers sur la base de réciprocité. Par conséquent, les tribunaux colombiens ne reconnaissent pas et ne rendent pas exécutoires les jugements rendus par les tribunaux étrangers, qui eux-mêmes n'accordent pas l'exequatur aux jugements rendus en Colombie. D'autre part, les tribunaux colombiens ne rendent exécutoires les jugements étrangers que si les jugements portent sur des actions personnelles reconnues (avec tous leurs incidents juridiques) légales en Colombie. Les jugements des tribunaux étrangers doivent être dûment légalisés par un Consul ou un agent diplomatique colombien accrédité dans le pays d'où provient le jugement.

Quelques dispositions générales concernant les contrats de vente. — 1° La législation colombienne ne reconnaît pas la clause réservant le droit de la propriété du vendeur en cas de vente à terme (article 1857 du Code civil).

2° Une offre écrite faite par une personne résidant à l'étranger doit être acceptée ou rejetée par retour du courrier ; ce délai expiré, l'offre n'est plus valable. Si toutefois l'offre est acceptée après l'expiration du délai, celui qui a fait l'offre doit, sous peine de dommages-intérêts, immédiatement aviser la contre-partie de la nullité de l'offre (art. 185 du Code de Commerce).

L'offre peut être révoquée avant son acceptation, sauf convention contraire entre les parties. Si avant son acceptation, la personne ayant fait l'offre est décédée ou frappée de maladie mentale, l'offre ayant été acceptée dans le délai prescrit, le contrat est parfait (art. 188 du Code de Commerce).

Une acceptation conditionnelle équivaut à une nouvelle offre (art. 189 du Code de Commerce).

3° Afin qu'un contrat de vente soit parfait, les parties contractantes doivent stipuler un prix ou se mettre d'accord sur la façon de le déterminer. Néanmoins, en absence d'une telle stipulation, et si les marchandises ont été livrées, il sera présumé que les parties ont accepté comme prix le prix moyen desdites marchandises qui existait au lieu et le jour où le contrat avait été conclu.

4° Si, lors de la commande, les marchandises ont été désignées simplement en termes génériques, l'acheteur peut refuser la réception des marchandises au cas où elles n'arriveraient pas en bon état et leur qualité ne correspondrait pas à la qualité moyenne de ce genre de marchandise. Si une espèce et une qualité déterminées ont été stipulées lors de la commande, l'acheteur a le droit de refuser la réception, si les marchandises ne sont pas conformes aux spécifications convenues. Dans les deux cas, s'il y a désaccord entre les parties quant à la nature ou la qualité des marchandises, le différend est soumis au jugement des experts (art. 224 du Code de Commerce). Si l'achat est fait sur échantillon, il peut être annulé au cas où les marchandises livrées ne correspondent pas aux échantillons (art. 225 du Code de Commerce).

FAILLITE. — La législation colombienne (art. 121 à 181 du Code de Commerce, art. 2488 à 2511 du Code civil, loi 40 de 1907) connaît cinq catégories de faillites :

1° Suspension de paiement ;

2° Insolvabilité pour causes fortuites ;

3° Insolvabilité due à la négligence ;

4° Insolvabilité frauduleuse ;

5° Fuite du failli.

La mise en faillite peut être demandée :

a) Par le failli lui-même ;

b) Par tout créancier pouvant produire une preuve que le débiteur a, en fait, cessé le paiement de ses dettes, ou qu'il a pris la fuite, ou fermé sa maison commerciale, etc... ;

c) Par un créancier qui, ayant obtenu une saisie-arrêt sur un bien du débiteur, peut prouver que le gage n'est pas suffisant pour couvrir sa créance ;

d) Par le juge ex officio en cas de fuite du débiteur.

La faillite est déclarée à la première audience de la Cour ; en même temps, sont nommés les Syndics de la faillite (Sindicos). Les attributions des syndics consistent à :

1° Prendre possession des biens du failli et en faire l'inventaire ;

2° En assurer la garde et la gestion dans l'intérêt de la communauté des créanciers ;

3° Représenter le corps des créanciers en justice ;

4° Présenter un plan de répartition des actifs disponibles entre les créanciers, lequel plan doit être discuté par les créanciers et approuvé par le juge.

Il est recommandé aux créanciers étrangers d'avoir un agent en Colombie, muni des pleins pouvoirs pour les représenter auprès des syndics et les autres autorités.

Parmi les biens et les créances exclus de la masse de la faillite, et dont la restitution peut être revendiquée par les ayants droit, les catégories suivantes sont à noter :

1° Les marchandises détenues par le failli à titre de commissionnaire ou agent de transport ;

2° Les marchandises vendues comptant au failli, mais dont le prix n'a pas été acquitté en totalité. Dans ce cas, les marchandises peuvent être réclamées par le vendeur tant qu'elles se trouvent encore dans les magasins du failli et qu'elles peuvent être identifiées, soit parce que leur emballage est resté intacts, soit que des signes extérieurs les distinguent nettement des autres marchandises ;

3° Les marchandises achetées par le failli à crédit, tant que la livraison effective n'a pas eu lieu à ses magasins ou si elle a eu lieu dans les conditions d'identification des marchandises stipulées au § 2 ;

4° Les marchandises dont les connaissements ont été adressés au failli pour le compte et aux risques d'un tiers acheteur. Ce dernier peut réclamer et obtenir les marchandises en payant le prix au vendeur ;

5° Les lettres de change et les billets à ordre envoyés au failli pour encaissement et non endossés à son ordre, ainsi que les traites et billets à ordre remis au failli pour le compte des tiers établis ou endossés en faveur de ces derniers ;

6° Les sommes remises au failli pour être transférées à des tiers, nommément indiqués ;

7° Les fonds ou les traites remis au failli en règlement des ventes effectuées pour le compte des tiers, même si les traites n'ont pas été établies ou endossées en faveur des propriétaires des marchandises vendues par le failli.

Effets de commerce. — Les dispositions concernant les effets de commerce sont régies par la loi N° 46, promulguée en 1923. Cette loi a été inspirée par les suggestions de la mission Kemmerer ; le texte de la loi est analogue à celui en vigueur aux Etats-Unis du Nord.

Généralités. — La lettre de change doit énoncer :

1° Le lieu, jour, mois et année où elle a été tirée ;

2° L'échéance ;

3° Les nom et prénoms de la personne à l'ordre de qui le paiement doit être fait ;

4° La somme à payer ;

5° La cause de l'effet, notamment s'il a été remis contre deniers ou contre marchandises, ou s'il est suivant valeur convenue ou valeur en compte ;

6° Les nom et prénoms, domicile du tiré, et le lieu de paiement, s'il est différent du domicile du tiré ;

7° Les nom et prénoms de la personne de qui a été reçue la contre-valeur, si elle est différente de celle en faveur de qui la lettre a été établie ;

8° La signature du tireur ou de son mandataire, en vertu d'un pouvoir spécial.

Les lettres de change doivent être tirées à *ordre,* cette clause peut être remplacée par toute autre formule équivalente.

Elles doivent être tirées payables dans un lieu autre que celui où elles ont été datées ; sinon ce sont de simples promesses de paiement.

Elles peuvent être tirées :

A vue à un ou plusieurs jours ou mois de vue ;

A un ou plusieurs jours ou mois de date ;

A une ou plusieurs usances ;

A jour fixe et déterminé ;
En foire.

Délai de paiement. — Elles doivent être payées le jour de leur échéance avant le coucher du soleil, si le jour de l'échéance est un jour férié, elles doivent être présentées la veille et protestées le lendemain. Aucun délai de grâce n'est prévu par la loi.

Délai de présentation. — Les lettres de change tirées à vue ou à un certain délai de vue doivent être présentées à l'acceptation dans les deux mois de leur création.

Endossement. — L'endossement doit exprimer :

1° Les prénoms et nom de la personne à qui la lettre de change est transmise ;

2° Si la valeur a été reçue en deniers effectifs, en marchandises ou en compte ;

3° Les nom et prénoms de la personne de qui la valeur a été reçue ou pour le compte de qui elle a été tirée ;

4° La date de l'endossement ;

5° La signature de l'endosseur ou de son mandataire.

L'omission de la signature de l'endosseur des nom et prénoms de la personne à qui la lettre de change est cédée (sauf le cas de l'endossement en blanc) annule l'endossement.

Si la mention de la valeur reçue est omise, la propriété de l'effet n'est pas transférée. Les tiers peuvent, dans ce cas, opposer à l'endos toutes les exceptions qu'ils possédaient contre l'endosseur.

L'endossement en blanc transfère la propriété de l'effet.

Acceptation. — L'acceptation doit être donnée ou refusée le jour même de la présentation.

La seule signature du tiré sur une lettre de change emporte acceptation.

Protêt. — Les protêts, faute d'acceptation ou faute de paiement, doivent être dressés le jour qui suivra la présentation de la lettre de change et, si ce jour est férié, le jour immédiatement après.

Ils doivent être dressés devant un notaire public et deux témoins domiciliés au même lieu que l'accepteur ; à défaut de notaire, ils peuvent être dressés par le Secrétaire du Conseil municipal.

Il existe toutefois une forme spéciale pour le libellé des traites *qui dispense de la nécessité du protêt* en cas de non-paiement et les rendent judiciairement exécutoires.

Les traites doivent, à cet effet, être libellées comme suit :

« A............ dias .... se servira Ud. mandar pagar por esta .... de cambio, excusado el protesto, el aviso de rechazo y la presentacion para el pago, a la orden de.............. la cantidad de .... »

« A .... jours de .... veuillez payer par cette .... de change, en nous dispensant du protêt, de l'avis de non-paiement et de la présentation au paiement, à l'ordre de .... la somme de........... »

Prescription. — Les actions procédant de la lettre de change se prescrivent par 4 années à compter du jour de l'échéance.

Timbre. — Les effets et chèques sont soumis au droit de timbre comme suit :

Chèques, effets à vue ou jusqu'à 3 jours de vue : $ 0,02 ; taxe fixe ;

Effets à échéance de plus de 3 jours de vue : $ 0,02 par 100 dollars ou fraction ;

Effets ou chèques non timbrés ou insuffisamment timbrés : $ 20 plus 4 fois le montant des timbres manquants.

Frais de protêt. — Les frais de protêt s'élèvent à :

$ 4,80 pour frais de notaire, plus $ 2 pour droits fiscaux, plus la commission de la banque chargée de l'encaissement.

ÉQUATEUR

REPUBLIQUE UNITAIRE divisée en 17 provinces et 1 territoire, *Colon,* formé de l'archipel des Galapagos.

SUPERFICIE : 714.860 kilomètres carrés environ, dont des territoires en litige avec le Pérou et les îles Galapagos, qui couvrent 7.430 kilomètres carrés.

TOPOGRAPHIE ET CLIMAT. — Le pays se divise en trois régions distinctes, savoir : 1° Le littoral, plaine chaude, en partie couverte par une dense végétation tropicale et s'étendant sur une profondeur de 128 kilomètres en moyenne ;

2° La haute montagne des Andes. Les deux chaînes parallèles des Cordillères sur un parcours de plus de 800 kilomètres, encadrent le grand plateau aux altitudes variant entre 2 et 3.000 mètres. Les cimes neigeuses des chaînes atteignent des altitudes dépassant 6.000 mètres ; elles se rangent parmi les plus élevées du nouveau continent. De nombreuses vallées fertiles traversent le haut plateau, qui bénéficie d'un climat très sain ;

3° La région d'Oriente, couverte de forêts, s'étend des Andes jusqu'aux plaines de l'Amazone ; les conditions climatériques y sont moins bonnes.

En général, il existe deux saisons : celle des pluies ou l'hiver, de décembre en avril, et la saison sèche ou l'été, de mai à décembre. Dans la région de Guayaquil, l'époque des pluies commence habituellement en janvier et dure jusqu'au mois d'avril ; le reste de l'année est sec et ensoleillé.

Sur le haut plateau, les journées sont chaudes et les nuits fraîches ; la température moyenne de l'année y est de 18° avec un minimum de 0°. Sur le littoral, la température varie entre 21° et 32°.

Population. — 2 millions environ, dont un quart approximativement de blancs, le reste étant composé de métis et d'indiens.

Capitale : QUITO.

Langue : L'espagnol et le quichua, dialecte indien.

Gouvernement et administration. — Depuis la proclamation de la République en 1830, l'Equateur a eu plusieurs Constitutions, la dernière ayant été promulguée le 26 mars 1929. Le Pouvoir exécutif appartient au Président de la République, élu pour quatre ans au suffrage direct de la nation ; il est rééligible. Le Pouvoir législatif est entre les mains du Congrès National, composé du Sénat et de la Chambre des Députés. Le droit de vote appartient à tout citoyen adulte, sachant lire et écrire.

Le Congrès National se réunit chaque année, le 10 août, à Quito, et siège en général 90 jours. Il existe également un Conseil d'Etat composé de dix-sept membres, dont les six ministres d'Etat. L'administration des provinces est assurée par les Gouverneurs, nommés par le Pouvoir exécutif ; les départements de chaque province sont administrés par les Gouverneurs (Gobernadores) et les municipalités par les « Jefes Politicos ».

Les îles de Galapagos et de Chatham ont une administration spéciale. Le Pouvoir judiciaire est exercé par la Cour Suprême, siégeant à Quito, les Cours de deuxième et première instance.

Les *finances publiques* de la République de l'Equateur se sont trouvées longtemps en mauvais état, en raison de l'instabilité et l'insuffisance des recettes budgétaires, dont environ 70 % étaient constitués par les droits de douane à l'importation et à l'exportation. La situation s'est considérablement améliorée au cours des trois dernières années. A la suite des travaux de la mission Kemmerer, une loi organique a été promulguée en novembre 1927, qui rétablit sur des bases nouvelles tout le système des finances publiques du pays. La dette publique a été réduite, le déficit budgétaire diminué et les prévisions pour les années 1928 et 1929 accusent un budget en équilibre.

Budgets d'Etat

Recettes	1926 Effectif $	1927 Prévisions $	1928 Prévisions $	1929 Prévisions $
Revenus des propriétés nationales	446.230 64	250.000 »	909.900 »	1.458.000 »
Monopoles et services d'Etat	2.556.426 32	2.822.000 »	2.853.000 »	2.926.000 »
Impôts directs et indirects	36.877.574 03 1/2	35.470.000 »	46.391.000 »	51.759.000 »
Recettes diverses	4.976.226 64 1/2	3.446.000 »	1.477.000 »	3.757.000 »
Totaux	44.856.457 64	41.988.000 »	51.630.000 »	59.900.000 »
Dépenses				
Pouvoir législatif	5.809 10	305.600 »	205.600 »	300.000 »
Pouvoir judiciaire	683.990 36	886.620 »	838.240 »	826.660 »
Pouvoir exécutif	33.098.185 54	44.656.206 48	44.242.045 »	50.945.100 91
Organisations diverses	»	»	591.720 »	732.040 »
Dette publique	5.372.587 89	5.000.000 »	4.719.795 »	5.898.199 09
Réserve du Trésor (2 %)	»	»	1.032.600 »	1.198.000 »
Totaux	39.160.572 89	50.848.426 48	51.630.000 »	59.900.000 »

Villes principales

1. Quito : La capitale est située dans une vallée pittoresque à 2.800 mètres d'altitude ; elle est reliée par un chemin de fer de montagne à Guayaquil (460 kilomètres). Quoique la ville se trouve sur l'équateur, le climat y est agréable, avec une température annuelle moyenne de 12° ; la pluie tombe presque tous les jours pendant environ une heure.

Population : environ 120.000 habitants.

Université, musées, théâtre. Architecture de l'époque de la colonisation espagnole ; vestiges de la civilisation Incas.

Centre d'une région agricole et d'élevage. Les transactions commerciales sont beaucoup moins importantes qu'à Guayaquil.

Hôtels : Metropolitano, Europa, Savoy.

2. Guayaquil : Le principal port du pays et son centre commercial le plus important. Environ 150.000 habitants. Capitale de la province de Guayas, située à 56 kilomètres de l'embouchure du fleuve Guayas, à 800 milles du Panama.

Ville animée et prospère. Siège de toutes les grandes maisons d'importation. Centre de la culture du cacao. Principaux produits traités : cacao, café, coton, caoutchouc, bois, noix de corozo, laine, peaux, fruits tropicaux. Diverses industries locales : brasseries, raffineries de sucre, tanneries, chantiers navals, fabrique de tabac, etc...

Beaucoup d'étrangers parmi les commerçants de la place : Américains, Anglais, Français, Allemands, Espagnols, Chinois.

Les conditions climatériques sont satisfaisantes entre mai et décembre. Théâtres, cercles, tramways électriques.

Hôtels : Ritz, Palace, Tivoli, Cecil.

3. Cuenca : Chef-lieu de la province Azuay, à 117 milles au sud-est de Guayaquil. Pour s'y rendre, on prend le chemin de fer à Guayaquil jusqu'à Huigra, puis on continue en di-

ligence. Environ 60.000 habitants. Industries : chapeaux de panama et dentelle. Produits tropicaux et quinquina. Mines.

4. Esmeraldas : Port à 486 kilomètres au nord de Guayaquil. Chef-lieu de la province du même nom. 5.000 habitants. Entrepôt d'une très riche région agricole et minière (or). Siège de plusieurs Compagnies minières, ainsi que de quelques importantes maisons d'importation. Produits traités : or, bois, café, coton, tabac, caoutchouc, peaux, noix de corozo. Fabrication des chapeaux de panama. Scieries.

5. Riobamba : Province de Chimborazo, située à 2.700 mètres d'altitude sur la ligne du chemin de fer Guayaquil-Quito, à distance à peu près égale des terminus. 40.000 habitants. Centre agricole et d'élevage important.

6. Manta : Province de Manabi, au nord de Guayaquil, sur la côte sud du golfe Manta. Port desservant une région de café, cacao, noix de corozo. Chapeaux de panama. Le port est relié par un chemin de fer à voie étroite à la ville Santa-Ana, 4.000 habitants.

7. Bahia de Caraquez : Port dans la province de Manabi, à 44 kilomètres de Manta. 3.000 habitants. Entrepôt d'une riche région agricole. Exportation du café et des noix de corozo.

8. Ambato : Chef-lieu de la province de Tunguragua. 130 kilomètres de Quito. 2.700 mètres d'altitude. Située au pied du géant des Andes, le Chimborazo, sur la ligne du chemin de fer Guayaquil-Quito. Climat très agréable, sites pittoresques. 30.000 habitants. Produits traités : sucre de canne, coton, maïs, quinquina, fruits, peaux, etc... Industrie du textile.

Economie nationale

Agriculture. — Les principaux produits de l'agriculture sont : le cacao, les noix d'ivoire (corozo), le café, le tabac, le caoutchouc, la paille pour chapeaux (Toquilla), l'écorce de quinquina, les fruits tropicaux. En moindres quantités sont produits le sucre, le riz, le coton, les fibres d'aloès, les lentilles, les maïs, le froment, l'orge, les pommes de terre, des légumes de tous genres. Les forêts qui s'étendent des Andes jusqu'aux plaines de la région de l'Amazone fournissent des bois divers.

L'élevage gagne d'importance ; ses produits, tels que peau, laine, etc., sont actuellement exportés sur une large échelle.

Le cacao constitue la principale richesse du pays et le poste le plus important de l'exportation. Les plantations se trouvent tout particulièrement sur le littoral ; on compte 80 à 100 millions de plantes. Les récoltes, depuis 1922, ont souffert de la maladie dite Escoba de Brujas. La récolte de cacao a été de 409.420 quintaux en 1926, 429.180 en 1927 et 420.867 en 1928. L'exportation du cacao qui, en 1922, se chiffrait à 51.900 tonnes, s'est réduite à 31.500 tonnes en 1924, à 31.000 tonnes en 1925, 19.500 tonnes en 1926, et 23.500 en 1927.

Les noix dites « Tagua », fruit d'un palmier abondant dans la région côtière, servent à la fabrication des boutons et constituent également un article important de l'exportation.

Le café est de fine qualité et les récoltes sont bonnes. La production totale est estimée à 6-10 millions de kilogrammes, dont environ un quart est exporté dans les autres pays de l'Amérique du Sud, ainsi qu'en Europe.

Mines. — L'or se trouve dans les sables des rivières Santiago et Cayapas (région d'Esmeraldas), et dans la province d'Azuay. Des mines d'or sont exploitées dans le district de Zaruma (El Oro Province). L'exportation d'or au cours des dernières années était en moyenne de 15 millions de francs par an.

On trouve dans les montagnes l'argent, le cuivre, le plomb, le zinc et, dans la région de Santa Elena, le sel, le soufre et le pétrole.

L'industrie pétrolifère se développe sur la côte du golfe de Guayaquil ; elle sert presque exclusivement à la consommation locale. En 1928, la production pétrolifère a atteint 1.015.000 barils, dont la quasi-totalité est fournie par l'Anglo-Ecuadorian Oil C°, filiale de la Lobitos Oilfields C° ; les petits propriétaires indépendants ont, durant cette même année, extrait 60 à 70.000 barils provenant de puits à main. Des bonnes carrières de marbre sont travaillées à Cuenca.

Industrie manufacturée. — Elle est représentée principalement par le textile (cotonnade à Quito, Riobamba, Ambato et Atuntaqui). Le capital investi dans cette industrie est évalué à 50.000.000 francs. Le nombre d'ouvriers employés est de 2.500. L'outillage comprend 29.000 broches, 750 métiers et 122 machines à tricoter. La bière et la glace sont fabriquées à Guayaquil, le ciment, les chaussures; le chocolat, le savon, les allumettes, etc., à Guayaquil et Quito. Une concession vient d'être accordée à une entreprise pour la fabrication des boutons en corozo.

La plupart des industries locales ne suffit pas aux besoins du pays.

La grande spécialité du pays, c'est la production des chapeaux dits de panama. (L'appellation, du reste, ne correspond pas à la réalité, le Panama n'ayant pas d'industrie analogue et n'étant que le lieu du transit commercial.) Les chapeaux sont faits à la main, avec la paille du palmier « toquilla » ; les meilleures qualités des « Panamas » viennent des provinces Manabi et Guayas. En 1927, l'exportation des chapeaux de Panama atteignait 224 tonnes, d'une valeur d'environ 30.000.000 de francs.

Commerce extérieur

Importations. — Textile, quincaillerie, machines et appareils, produits alimentaires, etc. Valeur : 1926, 47.073.069 sucres ; 1927, 57.050.430 sucres.

Exportations. — Cacao, café, corozo, chapeaux de paille (Panama), métaux précieux, cuirs et peaux, coton, tabac, caoutchouc. Valeur : 1926, 63.571.110 sucres ; 1927, 97.756.607 sucres.

Les relations commerciales franco-équatoriales sont régies par la Convention du 30 mai 1898 et les produits français bénéficient de la clause de la nation la plus favorisée.

Exportation en France. — Cacao, café, noix de corozo, caoutchouc, panamas, poudre d'or, etc. Valeur : (1927) 10.328.333 sucres contre 6.401.409 l'année précédente.

Importation de France. — Vins, liqueurs, tissus de coton et de laine, vêtements confectionnés, porcelaine, parfumerie, outillage, poissons, conserves, etc. Valeur : (1926), 2.208.460 sucres ; (1927), 3.455.720 sucres.

Informations consulaires

Représentation de la France

Légation à (1) ***
Consulat à (2).
Attaché commercial : M. Gabriel, en résidence à Lima (Pérou).

Représentation de l'Equateur

Légation et Consulat général à Paris : 91, avenue de Wagram.
Consuls : à Bordeaux, Le Havre, Marseille, Saint-Nazaire, La Rochelle.

Chambres de Commerce : Il existe une Chambre de Commerce à Guayaquil et une autre à Quito. La première est très active ; son rapport annuel donne des renseignements précieux sur la situation commerciale du pays.

Communications

La Compagnie Générale Transatlantique a un service bimensuel direct de cargos (fret seul) pour Guayaquil. Départs du Havre le 3 et le 15 de chaque mois et le 22 de Bordeaux.

En outre, la Compagnie dessert par transbordement à Colon tous les ports de l'Equateur :

a) Fret et passagers. — Départ mensuel du Havre tous les 28 jours, et de Saint-Nazaire tous les 28 jours également, avec alternance dans les deux ports ;

b) Fret seul. — Départs bi-mensuels du Havre le 14 et le 29 de chaque mois, et mensuels (le 11) de Bordeaux.

*** Les chiffres entre parenthèses renvoient aux numéros d'ordre qui affectent chacune des villes énumérées précédemment, ainsi : (1) signifie Quito.

Les cargos de la Compagnie de Navigation Générale Italienne allant à Guayaquil font escale à Marseille. Service bimensuel.

Durée : Trente jours environ.

Distance : Havre-Guayaquil, 6.222 milles marins.
(Pour plus amples renseignements, consulter le livret du chargeur de la Compagnie Générale Transatlantique.)

Communications intérieures. — Le réseau de chemin de fer est peu développé (644 kilomètres). La principale ligne (459 kilomètres) est celle qui relie Guayaquil à la capitale et dont la construction a été commencée en 1899 et terminée en 1908. C'est un chemin de fer de montagne qui atteint des altitudes dépassant 3.500 mètres. Le trajet dure 24 heures. Viennent après, le chemin de fer de Quito-Harra et de Sibamba-Cuenca. Des petites lignes locales rattachent respectivement Bahia de Caraquez à Calceta et Chone, Manta à Portoviejo, Puerto Bolivar à Machala, Pasaje et Guabo, Ambato à Curaray. La navigation fluviale s'effectue principalement sur le Guayas. 2.000 kilomètres de nouvelles voies sont projetées, notamment une ligne reliant la capitale au port Esmeraldas, dont les travaux sont très avancés.

Il existe des routes carrossables, entretenues en très bon état, mais, dans la région tropicale, la plupart ne sont que des sentiers souvent impraticables pendant la saison des pluies.

Aviation commerciale. — Une Société allemande, la Sociedad Colombo Alemana de Transportes Aéreos, établie en Colombie, vient de passer un contrat avec le Gouvernement équatorien pour la création d'une ligne aérienne entre les ports de l'Equateur et ceux de la Colombie. Un service hebdomadaire pour passagers et marchandises est prévu.

Postes et Télégraphes

Il existe 5.400 milles de lignes télégraphiques, 188 Bureaux de Poste et deux Bureaux des câbles de la Compagnie des Câbles pour l'Amérique Centrale et l'Amérique du Sud à Salinas. Des

Stations de T. S. F. se trouvent à Guayaquil, Quito, Esmeraldas, aux îles Galapagos, etc.

Taxe télégraphique. — 3 fr. 27 or par mot.

Télégrammes différés. — Moitié tarif. Langues admises : français, espagnol, anglais.

Les lettres et boîtes de valeurs déclarées, les envois contre remboursement, les recouvrements ne sont pas admis. Le service des mandats est suspendu.

Colis postaux :

a) *Par voie des paquebots français :* poids : jusqu'à 5 kilogrammes ; limite de dimensions : 1 m. 25 ; de volume : 55 décimètres cubes. Déclaration de valeur maximum : 2.500 francs.

Taxe principale : jusqu'à 1 kilo, 20 francs (Corse et Algérie : 20 fr. 50) ; de 1 à 5 kilos : 25 fr. 75 (Corse et Algérie : 26 fr. 50).

Droit additionnel pour colis avec déclaration de valeur : 1 fr. 75 par 1.500 francs ou fraction (Corse et Algérie : 2 fr. 50);

b) *Par voie des paquebots anglais :* Poids : jusqu'à 10 kilos ; limite de dimensions : 1 m. 09 ; volume : 54 décimètres cubes. Déclaration de valeur : maximum 1.500 francs.

Taxe principale : jusqu'à 1 kilo ; France : 16 fr. 25 ; Corse et Algérie : 16 fr. 75 ; de 1 à 5 kilos : France 23 fr. 25 ; Corse et Algérie 24 francs ; de 5 à 10 kilos : France : 36 fr. 75 ; Corse et Algérie : 38 fr. 25.

Droit additionnel pour colis avec déclaration de valeur : 1 franc par 1.500 francs ou fraction (Corse et Algérie : 1 fr. 75).

Poids et Mesures. — Le système métrique des poids et mesures est légalement en vigueur en Equateur, mais on y emploie encore quelques anciennes mesures espagnoles, telles que la libra = 16 onces ; le quintal = 46 kilos ; la vara = 3 pieds ; et l'arroba = 11,5 kilogrammes.

Monnaie. — Une réforme monétaire a été accomplie au mois de mars 1927. Elle consacrait la très forte dépréciation du papier-monnaie et du change équatorien et rétablissait le régime de l'étalon-or, sous la forme du « gold standard exchange ». L'ancienne unité monétaire, le *sucre,* est maintenue, mais désormais ne contiendra que 41 % de l'or fin contenu dans le sucre de la loi monétaire de 1898, soit 0,300.933 grammes, équivalent à 1/5 du poids d'or fin d'un dollar des Etats-Unis.

Un sucre divisé en 100 centavos égale 24,33 cents, soit environ 5 francs français. 25 sucres = 1 condor.

Ont été frappées des pièces d'argent de 2, 1 et 1/2 sucre, et la monnaie divisionnaire en nickel et cuivre.

Une banque centrale d'émission est instituée : ses billets de banque remplaceront progressivement l'ancien papier-monnaie en circulation.

Le *change équatorien* s'est maintenu au cours de l'année 1928-1929 (avril) aux environs du nouveau pair, variant entre 24,40 et 24,32 cents le sucre.

Banques

NOM DE LA BANQUE	SIÈGE	SUCCURSALES
Banque Centrale de l'Equateur....	(1)	(2), (3), etc.
Banque Hypothécaire de l'Equateur		
Banco del Azuay..................	(3)	
Banco del Ecuador................	(2)	
Banco de Descuento...............	(2)	(3).
Banco del Pichincha..............	(1)	
Banco Italiano...................	(2)	
Anglo South American Bank.....	Londres	(2).

La situation bancaire de l'Equateur s'est sensiblement modifiée au cours de ces dernières années. Les nouveaux faits saillants ont été : la création de la Banque Centrale d'Emission (4 mars 1927) ; la promulgation d'une loi générale sur le régime bancaire instituant, sur le modèle américain, un contrôle rigide de toutes les banques (1927), l'établissement de la Banque Hypothécaire de l'Equateur (27 janvier 1928), la liquidation de la Banco Comercial y Agricola qui, antérieurement à 1925, était le plus important établissement bancaire du pays, et enfin la disparition probable de plusieurs petites banques locales, produits récents de la période d'inflation. La Banque Centrale d'Emission (Banco Central de l'Ecuador), créée à la suite des travaux de la mission Kemmerer, a le droit exclusif de l'émission du papier-monnaie (droit antérieurement acquis à plusieurs banques locales) ; elle est le trésorier du fisc, elle fixe le taux officiel d'escompte, lequel détermine le taux du marché privé, elle effectue toutes les opérations bancaires, tant avec les banques que le public.

Toutes les banques locales ont souscrit, jusqu'à concurrence de 15 % de leur capital social et réservé, aux actions de la Banque Centrale de l'Equateur.

Ci-dessous les principaux postes de deux derniers bilans de la Banque Centrale de l'Equateur :

	23 août 1927 SUCRES	30 juin 1928 SUCRES
Total des postes de l'actif	47.868.070	62.644.563
Encaisse or	15.276.777	5.111.563
Disponibilité à l'étranger	13.851.793	34.994 288
Billets en circulation	39.252.689	40.767.400
Capital versé	2.536.760	6.356.420

Les conditions du crédit bancaire restent encore onéreuses, quoiqu'on constate une certaine augmentation de fonds disponibles chez les banques locales à la suite de l'établissement de la Banque Hypothécaire, qui a absorbé la grande partie des opérations hypothécaires pratiquées antérieurement par les banques commerciales. Ainsi que l'indique le tableau ci-après, le taux d'escompte est encore élevé : le fait dénote plutôt une certaine insécurité dans les affaires que le manque des capitaux à court terme.

		TAUX OFFICIEL DE LA BANQUE CENTRALE	
		pour les banques	pour le public
Août-Novembre	1927.	10 % p. a.	11 % p. a.
Novembre-Juin	1928.	9 % —	10 % —
Juillet	1928.	8 % —	9 % —

		TAUX DES BANQUES COMMERCIALES pour le public
Antérieur au mois d'Août...	1927	12 % p. a.
Août-Novembre............	1927.	11 % —
Novembre-Juin............	1928.	10 % —
Juillet.....................	1928.	9 % —

La Banque Hypothécaire, fondée au capital de 15 millions de sucres, dont 8 millions souscrits par le Gouvernement, a dégagé les banques commerciales des opérations hypothécaires ; on augure bien de la banque susceptible de rendre des réels services à l'agriculture du pays.

La situation des principales banques locales se dégage du bilan réuni ci-après :

Bilan réuni de 21 banques
au 8 mars 1928

(à l'exclusion de la Banque Centrale
et de la Banque Hypothécaire)

ACTIF

	Sucres
Caisse	314.559
Dépôts à la Banque Centrale	4.278.880
Autres dépôts	2.451.850
Billets de banque	6.115.666
Escompte et prêts	77.433.876
Actions	10.016.131
Immeubles	4.595.796
Divers	39.484.172
Total	144.690.930

PASSIF

	Sucres
Dépôts	36.223.769
Obligations escomptées	4.084.938
Bons émis	31.934.405
Engagements divers	37.649.560
Capital versé	24.063.611
Réserve	10.734.649
Total	144.690.930

Usages bancaires et commerciaux

Les paiements pour les importations se font généralement par l'intermédiaire des banques qui remettent les documents aux destinataires contre traites acceptées à 90 jours. Ces délais sont susceptibles de varier suivant la situation du marché et la solvabilité du client. Les banques se chargent également des questions de douane.

La commission d'encaissement est généralement assez onéreuse, atteignant jusqu'à 2 % du montant des traites ; elle varie suivant les localités où les traites sont domiciliées.

Les comptoirs locaux qui servent d'intermédiaires peuvent toujours renseigner sur la solvabilité du client ; il n'y a pas d'agence qui se charge spécialement de ce soin.

Les paiements se font en général assez facilement à l'échéance, mais, en cas de difficulté, seule l'intervention d'un homme de loi est susceptible de donner de bons résultats en raison de la complexité des dispositions législatives.

L'acheminement vers l'Europe des sommes encaissées est quelquefois retardé en raison de la pénurie du change, ce qui arrive notamment lors des récoltes insuffisantes du cacao, principal élément de la balance des comptes du pays.

Malgré la réforme monétaire, la stabilité du change et une certaine amélioration dans les conditions du crédit, on se trouvait, au cours de l'année 1928, en face d'une dépression économique due principalement aux facteurs suivants :

a) Mauvaise récolte du cacao ;

b) Baisse des prix du corozo ;

c) Taux élevé et complexité du tarif douanier, occasionnant des pertes aux importateurs ;

d) Augmentation des impôts, réduisant la capacité d'achat de la population.

Documents exigés

Documents exigés : factures consulaires, connaissements, polices d'assurances.

Factures consulaires. — *Langue requise :* espagnol.

Nombre d'exemplaires : Six.

Coût du visa de la facture : montants supérieurs à 750 fr : quatre pour cent de la valeur déclarée de la facture.

Montants inférieurs à 750 francs : coût du visa, 25 francs.

Nota. — Lorsque ces documents seront présentés au visa après le départ du navire, il sera perçu une taxe additionnelle de 2 % sur la valeur des factures et de 10 % sur les droits perçus pour le visa du connaissement.

Toute facture consulaire sera accompagnée d'un avenant d'assurance si les marchandises sont assurées.

Lieu du visa : port d'embarquement.

Colis postaux. — Les factures jointes aux colis postaux sont visées par le Consulat général à Paris. Coût du visa : 5 ½ % de la valeur déclarée.

Remarques. — Les factures consulaires sont nécessaires pour toute expédition à destination de l'Equateur, à l'exception des bagages des passagers et les colis postaux dont la valeur est inférieure à $ 40.

Elles doivent être détaillées, écrites à l'encre et mentionner notamment le nom de l'expéditeur et du consignataire des marchandises ; l'indication du port de destination ; la valeur totale des marchandises comprises dans la facture ; le poids net et le poids brut de chacune d'entre elles, ainsi que les nombre, marques et numéros des colis.

La nature de la marchandise doit être indiquée d'une façon précise et ne doit pas être désignée par un terme général, tel que : verrerie, faïence.

Visa du connaissement : est obligatoire.

Coût du visa : 30 % des droits perçus sur la valeur déclarée de la facture.

RECTIFICATIONS. — Les rectifications des factures et des connaissements sont admises ; leur visa coûte 125 francs.

Douanes

Le tarif douanier en vigueur a été édicté par la loi du 6 juin 1927. Il est plus élevé que le précédent. La plupart des droits sont spécifiques, prélevés sur le poids brut ou le poids net, selon la classe des marchandises ; certains droits sont *ad valorem.*

Sont interdits à l'importation : l'absinthe ou liqueur d'absinthe, les projectiles, bombes, grenades, cartouches métalliques et autres munitions de guerre ; boissons et articles alimentaires qui contiennent des substances nuisibles à la santé ; kérosène de moins de 150 % ; graisse avec plus de 50 % de stéarine ; machines et appareils pour le monnayage ; monnaies fausses et véritables ; sel ; bois de pinotea ; biberons avec tubes en verre ou en caoutchouc.

Certaines marchandises sont admises en franchise de droits, tels les livres, articles d'enseignement, machines à écrire, papier pour journaux, etc...

Sont également exempts de droits *les échantillons* sans valeur ; ceux présentant une valeur commerciale bénéficient de l'admission temporaire libre, sous caution d'un représentant local.

En plus des droits d'importation sont prélevés : une surtaxe sur l'importation, des droits d'entreposage, un impôt de manutention, des droits de quai, ainsi qu'un impôt de consommation sur les spiritueux.

Il existe également des droits à l'exportation. Consulter le texte *in extenso* du tarif à la B. N. F. C. E., Service des Informations commerciales ou à l'Office du Commerce extérieur, Section Douanes.

Formalités douanières. — Magasinages

Tout importateur de marchandises doit présenter dans les huit jours de l'arrivée du navire au port un manifeste en triple exemplaire, mentionnant la date de l'arrivée, le nom du navire, l'origine et le nombre des colis, la quantité, qualité, dénomination et valeur de ceux-ci, sans user de termes généraux, ainsi que le poids brut et net en kilogrammes. Ce document doit être accompagné de la facture consulaire et du connaissement. Faute d'accomplir ces formalités, l'importateur s'exposera à une amende de 10 sucres. Toutefois, l'administrateur de la Douane peut accorder un délai, quand l'importateur ou consignataire affirme n'avoir pas encore reçu la facture consulaire et quand la Douane ne la possède pas davantage.

Les déclarations en douane doivent être faites en cinq exemplaires ; même délai que pour la présentation des manifestes. Les articles inflammables sont sujets à des dispositions spéciales ; la poudre de chasse et autres explosifs doivent être déclarés dans les trois jours de l'arrivée.

Il y a des droits de magasinage élevés. Tout colis non enlevé au bout de deux mois est vendu par les soins de la Douane.

Il existe, à Guayaquil, plusieurs agents en douane. Il n'est pas nécessaire, pour l'expéditeur, de posséder sur place un correspondant spécial pour l'accomplissement des formalités douanières, car le destinataire est souvent son propre agent de douane.

Le tarif douanier est très strictement appliqué.

Marque de fabrique ou de commerce

Pour enregistrer une marque de fabrique ou de commerce, il convient d'envoyer à son correspondant en Equateur :

a) Une procuration en blanc dûment légalisée par un Consul équatorien ;

b) Vingt impressions de la marque ;

c) Un électrotype de la marque.

Les dimensions de l'électrotype ne doivent pas être inférieures à 15 millimètres, ni supérieures à 100 millimètres de côtés. Quatre ou cinq mois sont généralement nécessaires pour l'enregistrement d'une marque, attendu qu'elle doit être publiée dans une revue spéciale pendant trois mois. Pour le renouvellement de l'enregistrement, une nouvelle procuration dûment légalisée est nécessaire.

Les frais peuvent être évalués comme suit :

	Dollars améric.
Enregistrement d'une marque	54 »
Renouvellement d'une marque	54 »
Transfert d'une marque	44 »
Brevets : pour 15 ans	175 »
Brevets : pour 10 ans	150 »
Brevets : pour 5 ans	125 »

Il y a des cabinets d'avocats à Quito, qui se chargent de l'accomplissement de toutes les formalités pour l'enregistrement des marques de fabrique et de commerce et des brevets.

Effets de commerce

Généralités. — Mêmes conditions de forme que pour la Colombie et mêmes sanctions.

Les lettres de change peuvent être tirées :

A vue ;

A un ou plusieurs jours ou mois de vue ;

A un ou plusieurs jours ou mois de date ;

A une date déterminée.

Délai de paiement. — Le porteur doit réclamer le paiement le jour même de l'échéance, et si ce jour est férié, le premier jour utile qui suit.

Délai de présentation. — Les porteurs de lettres de change tirées à vue ou à un certain délai de vue et payables dans l'Equateur, doivent les présenter pour en obtenir le paiement ou l'acceptation *dans les trois mois* (à dater du jour qui suit la date de la lettre) pour les lettres tirées de l'Equateur.

Dans les 6 mois pour les lettres tirées du Continent américain ;

Dans les 8 mois pour les lettres tirées de l'Europe ;

Dans une année pour les lettres tirées des autres points du globe.

Acceptation. — L'acceptation doit être exprimée par le mot « Accepté » ou tout autre équivalent ; elle doit être signée, ne peut être conditionnelle, mais peut être limitée à une partie de la valeur de la lettre.

Endossement. — L'endossement doit contenir :

1° Le nom de la personne à l'ordre de qui elle est transférée ;

2° La mention que la lettre a été endossée pour valeur reçue ou pour valeur en compte ;

3° La date ;

4° La signature de l'endosseur.

Les endossements en blanc sont interdits et ceux qui seraient effectués sous cette forme ne produiraient aucune action permettant de réclamer la valeur de la lettre.

L'endossement signé qui ne sera pas conforme aux prescriptions édictées vaudra comme simple mandat.

Protêt. — Les protêts doivent être dressés le jour qui suit la date de l'échéance ou de la présentation, et si ce jour est férié, le jour utile qui suivra.

Ils se font par-devant un courtier ayant le caractère d'officier public, assisté de deux témoins ou, à défaut de courtier, par-devant « le juge de commerce ou un alcade municipal ou un juge de la paroisse assisté du même nombre de témoins ».

Prescriptions. — Toutes les actions dérivant de la lettre de change se prescrivent par un délai de cinq ans à compter du jour qui suit celui de l'échéance de la lettre.

Timbre. — Sucre 0,10 pour 100 sucres ou fraction.

Frais de protêt. — Les frais de protêt à Guayaquil s'élèvent à 16 sucres quel que soit le montant de la traite. Les frais sont les mêmes pour le protêt en cas de non-acceptation, que pour non-paiement.

Voyageurs de commerce

Passeports. — Les voyageurs doivent être munis de passeports visés par le Consul de l'Equateur.

Coût du visa : 77 fr. 10.

Un certificat de bonne santé et de vaccination est exigé lors du visa du passeport. Au départ de l'Equateur, un passeport spécial est délivré par les autorités locales.

Taxe. — A l'arrivée au pays, les voyageurs de commerce paient une taxe spéciale de 100 sucres. Un reçu leur est délivré par les autorités douanières, qui doit être soigneusement gardé et présenté sur toute demande des administrations locales. L'acquittement de cette taxe permet aux voyageurs d'effectuer des achats et prendre des commandes sur tout le territoire. Toutefois, à l'occasion des ventes de marchandises, les municipalités prélèvent des taxes additionnelles. Les voyageurs de commerce doivent enregistrer leur nom dans chaque localité ; l'enregistrement est gratuit.

Imprimés de publicité. — Les circulaires, prospectus, catalogues et autres imprimés de publicité peuvent être apportés en quantité raisonnable par le voyageur de commerce et ils sont exempts de droits de douane.

Voyages. — La meilleure époque pour visiter le pays est celle de la saison sèche, c'est-à-dire entre le mois de mai et le mois de décembre.

Guayaquil et Quito sont les deux localités les plus importantes au point de vue commercial. Beaucoup de voyageurs se limitent à ces deux villes, s'arrêtant quelquefois au cours du voyage de Guayaquil à Quito, à Ambato et Riobamba.

A Guayaquil se trouve le siège des principales maisons d'importation en gros, qui desservent l'intérieur du pays. Certains commerçants de Quito traitent aussi directement avec l'étranger. De Guayaquil on peut se rendre par bateaux à Machala et Esmeraldas.

Le coût de la vie n'est pas élevé à l'Equateur. Ainsi les prix des principales denrées à la fin de l'année 1927 étaient les suivants (sucre = 5 fr. 10) :

Riz, 32 sucres le quintal ; orge, 13 s. 50 le quintal ; sucre, 22 sucres le quintal ; viande de bœuf, 9 s. 20 les 25 livres ; charbon, 6 sucres le chargement de mulet ; chocolat, 0 s. 70 la livre ; les œufs, 1 sucre les 8-9 ; lard, 105 sucres le quintal ; le beurre, 144 sucres le quintal ; farine, 32 sucres le quintal ; oranges, 1 s. 60 les 100 ; bananes, 4 sucres les 100 ; pommes de terre, 5 s. 20 le sac ; café, 110 sucres le quintal, maïs, 9 sucres le quintal.

Hôtels. — Le prix de la pension dans les bons hôtels de Guayaquil et Quito varie suivant la chambre entre 75 et 150 francs par jour ; dans les villes moins importantes, on trouve des pensions à 50-75 francs.

Publicité. — La réclame joue, comme dans tous les pays de l'Amérique latine, un rôle important. Journaux, affiches, cinémas, etc..., sont utilisés à cet effet. Toutefois, cette publicité ne vaut que pour des maisons ayant des agences ou des représentants établis sur place ; il est, en effet, peu probable qu'on écrive en Europe à la suite d'une annonce.

Les principaux journaux quotidiens sont :

El Comercio, El Derecho, El Dia, El Porvenir, à Quito ; *El Telegrafo, El Universo, El Guante, El Tiempo, La Prensa,* à Guayaquil.

A Quito paraît également *El Ecuador Commercial* mensuel.

Guide. — Directorio Commercial e Industrial de Guayaquil (Rojas comercial Directory), Guayaquil, 1921.

Guia Commercial del Ecuador, Quito, Imprenta Minerva, 1909.

Ley Arancelaria de Aduanas, Quito, Imprenta Nacional, 1920.

Le rapport annuel de la Chambre de Commerce de Guayaquil est toujours fort intéressant. Il donne le résumé de la situation commerciale du pays.

L'Agence Commerciale Rojat, de Guayaquil, publie une revue commerciale mensuelle portant le titre de Commercia Internacional.

Fêtes

Les fêtes légales sont :

1er janvier (Jour de l'An) ; 24 mai (bataille de Pichincha) ; 10 août (Indépendance de Quito) ; 18 septembre (Indépendance du Chili) ; 9 octobre (Indépendance de Guayaquil) ; 12 octobre (Découverte de l'Amérique) ; 2 novembre (Jour des Morts) ; 25 décembre (Noël).

En outre, les principales fêtes de l'Eglise catholique sont généralement observées.

PÉROU

REPUBLIQUE UNITAIRE composée de 19 départements et 3 provinces du Littoral (Callao, Moquegua et Tumbez).

Gouvernement et administration. — Aux termes de la Constitution du 18 janvier 1920, modifiée, en dernier lieu, le 7 septembre 1923, le Pouvoir exécutif est exercé par le Président de la République, élu pour 5 ans au suffrage universel. Le Président doit être Péruvien de naissance. Le Gouvernement se compose de 6 Ministères et d'une présidence du Conseil, qui comprend également le Ministère de la Justice. Les départements, administrés par un Préfet, sont divisés à leur tour en provinces (117 en tout, englobant 873 districts) administrées par un Sous-Préfet. Au point de vue judiciaire, le pays est divisé en 12 districts, avec tribunaux de première instance et cours d'appel ; à Lima, siège une Cour Suprême, dont les Juges sont choisis par le Congrès.

Le pouvoir législatif est confié à un Congrès constitué par un Sénat de 35 membres et une Chambre des Députés de 110 membres, élus pour 5 ans au suffrage universel, par les citoyens âgés de plus de 21 ans sachant lire et écrire, au vote direct et public.

Le culte catholique est religion d'Etat (1 Archevêque, 13 Evêques, 2 Vicaires apostoliques, 1 Préfet apostolique), mais la Constitution garantit la liberté religieuse.

L'instruction primaire est obligatoire et gratuite de l'âge de 7 à 14 ans. L'enseignement supérieur est donné dans les Universités de Lima, Arequipa, Cuzco et Trujillo et à l'Ecole d'Ingénieurs de Lima.

Le service militaire est obligatoire ; l'effectif du temps de paix est d'environ 700 officiers et 9.000 hommes, non compris les forces de police (8.000 hommes). La Marine nationale comprend 2 anciens croiseurs légers (1906), 1 transport, 1 destroyer, 4 sous-marins et 5 canonnières de rivière (sur l'Amazone). L'armée a été instruite par une mission militaire française, la marine par une mission navale des Etats-Unis.

Finances publiques. — Les principales sources des recettes du budget péruvien sont les taxes douanières à l'importation et à l'exportation et les revenus des monopoles et services publics.

Ainsi au budget de 1927, l'ensemble des droits de douanes, des revenus des monopoles et services publics et le timbre fournissait plus de 80 % du montant total des recettes, les impôts directs ne représentant qu'environ 8 %.

Environ un cinquième des dépenses nationales est absorbé par le service de la dette publique. La dette extérieure péruvienne, représentant plus de la moitié de la dette nationale (environ 58 %), avait fait l'objet de plusieurs arrangements conclus par le Gouvernement avec le Peruvian Corporation — Comité des Porteurs de valeurs. En vertu du dernier accord, le Peruvian Corporation devient concessionnaire à perpétuité d'importantes lignes des chemins de fer de l'Etat.

Le tableau ci-dessous montre l'évolution des finances péruviennes durant les 17 dernières années (en livres sterling) :

ANNÉES	RECETTES	DÉPENSES	BALANCE	DETTE PUBLIQUE (au 30 Juin)
1929 (1).........	12.221.000	12.221.000	»	»
1928 (1).........	11.113.650	11.113.650	»	»
1927...........	10.702.930	11.367.091	— 664.161	16.433.000
1926...........	10.219.549	10.518.689	— 299.140	17.248.000
1925...........	9.146.514	9.489.291	— 342.777	13.385.398
1924...........	12.881.197	11 816 259	+ 1.064.938	12.217.853
1923...........	9.389.005	9.094.717	+ 294.288	11.678.952
1922...........	»	»	+ 60.725	10.601.290
1921...........	8 191.538	8.576.187	— 384.649	4.485.878
1920...........	8.848.136	8.816.740	+ 31.396	4.940.629
1919...........	6 606.412	6.562.283	+ 44.129	4.546.157
1918...........	5.361.221	5.381.251	— 20.030	»
1917...........	4.677.335	4.762.795	— 85.460	»
1916...........	4.024 066	3.554.907	+ 469.159	»
1915...........	3.164.825	3.243 699	— 78.874	»
1914...........	4.016.015	4.102.934	— 86 919	»
1913...........	5.334.793	5.409.936	— 74.843	»

(1) Prévisions budgétaires.

Superficie. — Environ 1.382.830 kilomètres carrés (litiges de frontière avec l'Equateur et la Colombie). Un *Bulletin officiel* du Gouvernement péruvien, l'*Extracto Estadistico del Perú*, déclarait, en 1920, que la superficie totale du Pérou est, en chiffres ronds, de 1.433.000 kilomètres carrés (1).

Population. — En 1876, date du dernier recensement officiel complet, le Pérou avait 2.700.000 habitants. En 1896, la Société Géographique de Lima évaluait, à la suite de diverses statistiques démographiques, le nombre total des habitants à 4.609.999. En 1921, une nouvelle estimation a porté ce total à 5.501.300 (1).

Le chiffre exact de la population indienne est inconnu.

La répartition ethnique est évaluée comme suit : 11 % de blancs et de créoles ; 53 % de métis (cholos, zambos, mulâtres) ; 32 % d'Indiens (Quetchuas et Aymaras, notamment) ; 2 % de nègres ; 2 % d'Orientaux (Chinois, principalement).

Topographie et Climat. — Pays entièrement tropical, le Pérou s'étend entre les 2° et 18° degrés de latitude Sud et entre les 69° et 81° de longitude Ouest (méridien de Greenwich).

On peut diviser géographiquement le Pérou en trois zones :

1° La zone occidentale ou côtière, bande longue et étroite, comprise entre la Cordillère occidentale et le Pacifique ; il y pleut très rarement, et les plaines, arides et sablonneuses, ne peuvent être cultivées que si elles sont irriguées. Dans cette région, les vallées des rivières qui débouchent dans l'Océan sont très fertiles ; des centres importants de culture de coton et de canne à sucre ont été créés à proximité de la mer et des ports ; c'est dans la zone côtière que se trouvent les villes de Lima et de Trujillo et les importants champs de pétrole du Nord ;

2° La zone andine, formée par les Cordillères occidentale et orientale et les vastes plateaux compris entre ces deux sierras, à des altitudes variant de 1.800 à 4.500 mètres ; on y trouve des vallées fertiles où se sont fondées des villes importantes (Arequipa, Cuzco, Huancayo, Cerro de Pasco, etc...) ;

(1) En mai 1929, un accord a été conclu aux termes duquel le Pérou récupère le territoire de Tacna, dont l'étendue approximative est de 10.000 kilomètres carrés et qui comprend 25.000 habitants environ.

3° La zone orientale ou transandine, entre les Cordillères et les frontières de l'Est et du Nord-Est, appelée aussi zone amazonienne, région encore mal explorée et très peu peuplée ; c'est là des vastes forêts coupées par des fleuves et des rivières pour la plupart navigables (Marafion, Huallaga, Ucayali, etc.).

Au point de vue du climat, ces mêmes divisions s'imposent. Dans les régions côtières, le climat est nettement tropical ; toutefois la température y est rafraîchie par le courant marin, dit courant de Humboldt ; à Lima, il ne pleut guère, mais il y règne souvent un brouillard humide. Dans la zone andine, le climat est, suivant l'altitude, tempéré ou même froid. Enfin, dans les plaines de la zone orientale, il règne une température torride.

La saison sèche est novembre-avril ; la saison humide, mai-octobre. Les mois les plus chauds sont janvier et février.

D'une façon générale, le pays est sain. A l'exception du paludisme, existant dans certaines vallées chaudes, il n'y a pas au Pérou de maladies endémiques. Le taux de mortalité, qui était relativement élevé, va diminuant au fur et à mesure que le Gouvernement péruvien développe l'instruction et répand les pratiques d'hygiène modernes.

Villes principales

1. Lima : Capitale du Pérou, 245.000 habitants. Sur les bords du Rimac, à 12 kilomètres de la côte du Pacifique et du port de Callao, auquel la ville est reliée par chemin de fer et tramway électrique. Ancienne capitale de l'Amérique du Sud espagnole (fondée en 1535), siège du Gouvernement, principal centre commercial du pays. Situé dans une plaine fertile descendant en pente douce vers la mer, jouit d'une température moyenne de 19°.

   Est relié par voie ferrée à Ancon, Huacho, Supa, Oroya, Cerro de Pasco, Huancayo, Jauja. Une ligne en construction va relier la capitale à Ajacucho.

   Principaux produits traités : sucre, café, fruits, céréales. Industries : savon, tabac, chaussures, filatures et tissages de coton.

   Siège des principales maisons d'importation.

   Ville indiquée pour l'établissement des agences.

2. Arequipa : Chef-lieu du département du même nom, 55.000 habitants. Au sud du pays, à 2.300 mètres d'altitude, au pied de la montagne El Misti, dans la vallée de la rivière Chili, à 172 kilomètres par voie ferrée du port de Mollendo. Centre commercial le plus important du Sud. Température moyenne : 14 à 15°. Relié par voie ferrée avec Mollendo, avec Juliaca et par Puno avec La Paz.

Centre d'industries locales prospères. Exportation de l'alpaga, des laines et peaux.

Siège d'importantes maisons d'importation traitant directement avec l'étranger.

3. Trujillo : Chef-lieu du département de la Libertad, 25.000 habitants. Au nord du pays, sur la rivière Moche, à 14 kilomètres du port maritime de Salaverry, auquel il est relié par voie ferrée (trains quotidiens). Centre commercial, dont l'importance a été accrue par suite de l'extension des mines de cuivre. Région agricole très riche (la récolte de canne à sucre du district représente presque la moitié de toute la récolte péruvienne). Trujillo possède 3 usines où l'on fabrique de la cocaïne.

4. Callao : Chef-lieu de la province du même nom, 60.000 habitants. Principal port du Pérou. A peine à une demi-heure de trajet de Lima, en train, en tramway ou en automobile, à 2 kilomètres au Sud de l'embouchure du Rimac. Port et bassin convenablement protégés contre la houle par le promontoire de La Punta et les îles Fronton et San Lorenzo, administrés par une Compagnie française sous le contrôle de la Société Générale (Empresa del Muelle y Dársena), jusqu'en 1937, date à laquelle la gestion devait faire retour au Gouvernement. En 1928, à la suite de longues négociations, le Gouvernement avait racheté les droits de la Société concessionnaire ; des grands travaux d'agrandissement du port sont en cours, qui permettront aux plus grands bateaux l'accostage des quais. Port extrêmement actif, en progrès constant. Reçoit environ 70 % des importations totales du Pérou. Etend son rayon d'action à la province de Callao et aux départements de Lima, du Junin et de Huanco.

5. MOLLENDO : Port de la province d'Arequipa, 9.000 habitants. Point terminus du chemin de fer du Sud, dessert la ville et la province d'Arequipa, les départements intérieurs de Cuzco et Puno, assure une partie des importations pour La Paz (Bolivie), à laquelle il est relié par Juliaca et Puno. Bon port, créé en 1871, reçoit environ 8 % des importations péruviennes.

6. PAYTA : port du département de Piura, 4.000 habitants. Relié par voie ferrée à Piura et Catacaos, dessert le département et le nord du département de Lambayeque. Important par l'exportation du coton et du sucre de la région et par celle des chapeaux dits Panama. Reçoit environ 6 % des importations péruviennes.

7. IQUITOS : Port fluvial, chef-lieu du département de Loreto, au Nord-Est du pays, 10.000 habitants. Situé sur la rive gauche du Haut Amazone, à 2.000 milles de l'Atlantique, à 800 ou 900 des côtes du Pacifique. Service régulier de vapeurs avec Para (Brésil). Centre commercial du département de Loreto ; caoutchouc, coton, bois de construction, corozo. Un service aérien est assuré entre Lima et Iquitos (six avions nord-américains). Iquitos introduit environ 3,5 % des importations péruviennes.

AUTRES VILLES IMPORTANTES : CUZCO, l'ancienne capitale de l'Empire inca, 30.000 habitants (surtout des Indiens), relié par voie ferrée à Mollendo (via Juliaca), centre d'élevage et de culture ; CHICLAYO, chef-lieu du département de Lambayeque, 20.000 habitants, relié par voie ferrée au port d'Eten, centre agricole (sucre, coton, riz, cacao) ; CERRO DE PASCO, chef-lieu du département de Junin, 15.000 habitants, relié à Lima par le chemin de fer de La Oroya, centre minier. Ports de SALAVERRY (3.000 habitants), ETEN (3.000 habitants), PISCO (5.000 habitants), PACASMAYO (3.500 habitants).

Economie nationale

AGRICULTURE. — Le Pérou est essentiellement un pays agricole, et c'est de l'agriculture que dépend sa prospérité. Il est vrai que la richesse minière et pétrolière est devenue un important facteur de la richesse nationale, mais on doit tenir compte du fait que l'exploitation minière est entre des mains étrangères et ne bénéficie qu'en partie au pays même, tandis que l'agriculture est presque entièrement entre les mains des nationaux.

La superficie des terres consacrées à l'agriculture est d'environ 1.214.000 hectares, dont 405.000 dans la zone côtière, et le capital engagé dans les exploitations agricoles était, en 1927, évalué à 70 millions de livres sterling (plus de la moitié dans les régions irriguées de la côte et le reste dans les régions andine et transandine).

Le coton, plante indigène, fournit la culture de plus grand rapport. On obtient 5 variétés principales : l'aspero, le semi-aspero, le suave, le tanguis et le mitafifi qui est issu de graines égyptiennes et rappelle beaucoup le coton égyptien. La production cotonnière du Pérou a augmenté de 53 % durant les neuf dernières années ; en 1923-1925, la moyenne annuelle était de 44.000 tonnes, en 1926, de 53.000 (dont 48.900 exportées) ; les 120.000 hectares de plantation cotonnière ont produit 60.000 tonnes en 1927.

Le sucre est la seconde ressource agricole. La canne à sucre est surtout cultivée dans les vallées bien irriguées de la côte et dans les profondes vallées des Andes. C'est la grande culture des vallées de Chicama, Lambayeque et Santa Catalina. Environ 15 % sert à la consommation nationale ; le reste est exporté à l'état brut. En 1923, la production sucrière du Pérou a été de 269.760 tonnes et, en 1926, de 375.000.

Le riz, cultivé principalement dans la région de Chiclayo, paraît devoir offrir dans l'avenir une importante source de bénéfices pour l'agriculteur péruvien, mais actuellement il n'est planté que sur une surface de quelque 35.000 hectares.

Le blé fournit annuellement environ 80.000 tonnes, qui ne suffisent pas à la consommation nationale. L'orge, le quinoa, le maïs constituent l'aliment de base des Indiens. Les légumes, dont la culture est développée par l'emploi du guano, sont également consommés dans le pays même.

La culture fruitière, actuellement très imparfaite, paraît, au dire des experts, appelée à un grand avenir. La production d'une grande variété de poires, fraises, dattes, oranges, raisins, olives, prunes, pommes, etc..., pourra être considérablement développée et améliorée par des méthodes scientifiques et fournir une exportation très appréciable. Dès maintenant, des bateaux, munis de chambres frigorifiques, emportent du Pérou des chargements d'oranges pour le marché britannique après la clôture de la saison espagnole.

La vigne, cultivée sur environ 13.000 hectares, produit des vins blancs et rouges et de l'excellente eau-de-vie.

La coca, dont les Indiens emploient les feuilles pour chiquer, est exploitée industriellement pour obtenir la cocaïne, à Trujillo et à Huanuco. La cocaïne est presque entièrement exportée.

L'écorce de quinquina, le ricin (sous forme d'huile), le café, sont également au nombre des produits d'exportation péruviens.

L'élevage représente une source de richesse considérable pour le pays. Le cheptel péruvien est très varié ; il comprend des espèces rares (alpagas, lamas) et fournit des produits importants à l'exportation.

Les exportations de laine varient de 2.000 à 2.500 tonnes par an, et celles de laine d'alpaga atteint en moyenne 3.000 tonnes. La vigogne, si recherchée pour la finesse de sa toison, est extrêmement rare.

Parmi les exploitations forestières, celle des arbres à caoutchouc, naguère prospère, a été considérablement réduite, et des entreprises américaines s'efforcent actuellement de lui redonner son ancienne importance. Un arbre à gomme, le balata, fournit une exploitation avantageuse dans le district d'Ucayali.

Mines. — La principale source de richesse est constituée par les produits du sous-sol. Le capital investi dans l'industrie minière, en 1927, se montait à 25 millions de livres sterling, soit une augmentation de 213 % par rapport à 1919.

De tous les produits du sous-sol, le pétrole a pris la première place dans l'économie péruvienne. Depuis une cinquantaine d'années que les gisements pétrolifères du Pérou sont exploités, l'industrie pétrolière n'a cessé de s'accroître, sauf durant les années 1910, 1914 et 1918.

La production de pétrole a passé, en effet, de 37.079 tonnes en 1903 à 273.459 tonnes en 1913, 751.710 tonnes en 1923 et

1.340.600 en 1927. En 1928, le message présidentiel constatait que le Pérou avait exporté, l'année précédente, pour 9.655.179 livres péruviennes de pétrole et de ses dérivés, et que la consommation nationale de ces produits avait atteint 1.525.899 livres péruviennes. En 1928, la production pétrolière s'est élevée à 11.500.000 barils, soit une augmentation de 18,1 % par rapport à 1927.

La région la plus riche en pétrole paraît être, jusqu'à présent, la zone côtière Nord-Ouest comprise entre Payta et la frontière équatorienne, mais on est loin de connaître à ce point de vue toutes les richesses que recèle le territoire péruvien. Dans cette zone Nord-Ouest, la London and Pacific Petroleum C° Ld, filiale de l'International Petroleum C° de Toronto, a fait forer plus d'un millier de puits (dont 147 en 1928) ; non loin de là, à Lobitos, Cabo Restin et Zorritos, la Lobitos Oilfields C° possède environ 180 puits. Dans cette même région, à Talara, l'International Petroleum a fait installer une grande raffinerie.

Des essais d'exploitation tentés près du lac de Titicaca, à 4.000 mètres d'altitude, sont restés infructueux, mais on pense obtenir des résultats pratiques à ces altitudes qui ne sont pas supérieures à 2.800 mètres. La Standard Oil C° of Peru, qui a installé un bureau central à Iquitos, s'occupe activement de développer l'exploitation pétrolière dans la région transandine, près du Haut Marañon, de l'Huallaga et de l'Ucayali.

Le cuivre est le métal dont l'exploitation minière est la plus florissante au Pérou. Elle occupe plus de 22.000 personnes. Des gisements de minerai de cuivre sont exploités par la Cerro de Pasco Copper Corporation et sa filiale Backus and Johnston Mining C° (à Cerro de Pasco, Morococha, Casapalca), par la Compagnie des Mines de Huaron et par la Northern Peru Mining and Smelting C° (Guggenheim). La production de cuivre, en 1927, a été de 54.857 tonnes, soit une augmentation de 41 % par rapport à 1919.

Au minerai de cuivre se trouvent mêlés fréquemment des minerais d'or et d'argent. Comme producteur de ce dernier métal, le Pérou se classe au 3e rang, après les Etats-Unis et le Mexique. En 1918, la production d'argent était de 300 tonnes ; en 1926, elle a été de 668 tonnes et de 569 en 1927. La production d'or était de 1.952 kilos en 1920 ; elle a été, en 1927, de 2.900 kilos.

La principale mine de vanadium qui existe au monde est la mine péruvienne de Minas Ragra, à l'ouest de Cerro de Pasco, dans le département central de Junin. Le minerai est exporté à l'état brut. Le Pérou fournit le 80 % du vanadium employé dans le monde entier. La production a été de 858 tonnes en 1926 et de 857 tonnes en 1927 (71 % de plus qu'en 1919).

Il a été dit que les gisements de bismuth de la mine San Gregorio, près de Cerro de Pasco, pourraient suffire à la demande mondiale pendant de nombreuses années. En fait, la production de bismuth, depuis 1914, a été restreinte ; elle était de 12.000 kilos en 1905, de 51.038 kilos en 1912, de 6.524 kilos en 1922. De même, les gisements de borax de la Laguna de Salinas, à la frontière des départements d'Arequipa et de Moquegua, exploités d'une façon intense de 1897 à 1900, produisirent à cette époque jusqu'à 11.850 tonnes par an, mais leur rendement actuel est tombé à quelque 500 tonnes annuelles.

Le sous-sol péruvien contient encore des gisements de fer (à l'état d'hématite, à l'embouchure de l'Ica), de nickel, de charbon (anthracite, lignite, etc.), de soufre, d'antimoine, de plomb, de mercure, mais leur rendement n'a pas encore été suffisant pour intéresser l'exportation.

Les dépôts de guano des îles de la côte (engrais riches en nitrates et formés par les excréments d'oiseaux, particulièrement des cormorans et pélicans) forment encore une importante ressource, dont l'exploitation constitue un monopole, de fait de la Compañia Administradora del Guano. Cette exploitation rapporte au Gouvernement un bénéfice annuel de plus de 200.000 livres péruviennes.

Industrie. — Bien que le Pérou dépende encore grandement des marchés étrangers en ce qui concerne les produits manufacturés, l'industrie nationale, dans certaines branches particulièrement, fait de grands progrès, aidée en cela par la politique douanière, à tendance nettement protectionniste.

En dehors des fonderies de cuivre, qui emploient aujourd'hui une main-d'œuvre importante et qui constituent une industrie annexe de l'exploitation minière, les principales industries péruviennes sont les suivantes :

Le textile (laine et coton), dont les centres principaux sont

Lima, Ica, Arequipa et Cuzco, consomme environ la moitié de la production cotonnière nationale.

Les besoins du pays en cotonnades de qualité inférieure et moyenne sont entièrement satisfaits par l'industrie locale, seuls les qualités supérieures continuent à être importées.

Par contre, les deux tiers des tissus en laine absorbés par le marché péruvien sont d'origine étrangère.

La production locale des tissus en soie artificielle et des tricots n'est qu'à ses débuts.

FABRIQUES DE TEXTILE AU PÉROU

RAISONS SOCIALES	SIÈGES	NATIONALITÉS	CAPITAL	NOMBRE de Métiers	NOMBRE de Broches
A) Coton					
" El Inca ".......	Lima	Américain	200.000£p	850	24.000
" Vitarte ".......	Lima	Américain	750.000$	750	15.000
" La Union "	Lima	Anglais	100.000£p	258	7.300
" El Progresso " .	Lima	Anglais	105.000 »	360	8.000
1) " La Victoria ".	Lima	Péruvien	200.000 »	500	12.000
" San Jacinto "..	Lima	Péruvien	120.000 »	400	8.000
" La Industrial "..	Arequipa	Espagnol	»	260	10.000
" Huascar "......	Cuzco	Péruvien	80.000 »	150	3.000
" Malatesta ".....	Ica	Péruvien	30.000 »	100	2.700
B) Laine					
" Santa Catalina "	Lima	»	300.000 »	»	»
" Pacifico "......	Lima	»	60.000 »	»	»
" Sucre "	Cuzco	»	»	»	»
" Marangani "...	Marangani	»	»	»	»
" Urcos "........	Urcos	»	»	»	»

L'industrie des cuirs est une des plus anciennes du Pérou. Il y a environ 150 tanneries, dont la majeure partie à Huancayo, Huanta, Lima, Huamanga, Arequipa et Jauja.

La cordonnerie, très protégée par les droits de douane, est exploitée par une dizaine de grandes firmes péruviennes, outillées pour produire 300.000 paires de chaussures par an.

Une industrie récente, encouragée par le Gouvernement et également protégée par des droits de douane élevés, est celle de la fabrication du ciment et des bouteilles. La production s'est développée rapidement et, actuellement, le ciment local couvre environ 70 % des besoins du pays.

Il y a plusieurs centaines de grands moulins, mais dont une douzaine seulement possèdent un outillage tout à fait moderne.

Parmi les autres produits manufacturés au Pérou — qui couvrent la presque totalité des besoins locaux — se trouvent les pâtes alimentaires (fabriquées surtout par des Italiens), les biscuits, chocolats et confiseries, le saindoux, les bougies et savons, les alcools, vins et liqueurs, et enfin la bière. Depuis le 1er mars 1926, un monopole de la fabrication des allumettes a été institué pour une durée de 20 ans.

Commerce extérieur

Le mouvement du commerce extérieur des dernières années ressort du tableau ci-après :

(EN LIVRES STERLING)

DATES	EXPORTATIONS	IMPORTATIONS	TOTAL	BALANCE
1927...........	31.197.725	19.377.814	50.575.539	11.819.911
1926...........	23.975.784	19.569.934	43.536.718	4.414.850
1925...........	21.218.708	17.075.311	38.294.019	4.243.397
1924...........	24.814.308	16.743.112	41.557.415	8.071.196
1923...........	23.603.005	13.096.261	36.749.266	10.556.744
1922...........	18.692.870	10.592.554	29.285.424	8.100.316
1921...........	16.660.484	16.669.188	33.329.672	8.704
1920...........	35.394.155	18.358.223	53.662.379	16.945.931
1919...........	26.899.422	12.203.839	39.103.262	14.695.582
1918...........	19.972.595	9.702.113	29.677.708	10.267.481
1917...........	18.643.414	13.502 851	32.146.265	5.140.463
1916...........	16.541.063	8.683.150	25.224.213	7 857.913
1915...........	11.521.807	3.095.544	14.617.351	8.426.263
1914...........	8.767.790	4.827 930	13.595.720	3.939.860
1913...........	9.137.780	6.088.776	15.226.556	3.049.004

En 1927, les principaux pays importateurs au Pérou se sont répartis comme suit : Etats-Unis, 41,2 % ; Grande-Bretagne,

15,7 % ; Allemagne, 9,4 % ; France, 2,4 % (contre 3,7 % en 1926).

D'après les données préliminaires pour 1928 (à l'exclusion du mouvement du port d'Iquitos et des colis postaux), le commerce extérieur se chiffrait à £ P. 47.769.000, dont £ P. 31.287.000 à l'exportation et £ P. 16.482.000 à l'importation.

Les quatre principaux pays importateurs ont gardé leurs positions respectives de 1927.

Le mouvement commercial du Pérou avec la France a été : en 1925, £ P. 667.529 aux importations contre 121.996 aux exportations ; en 1926, £ P. 440.552 aux importations contre 163.632 aux exportations ; en 1927, £ P. 464.955 aux importations et £ P. 487.651 aux exportations.

Les principaux produits importés au Pérou sont : produits alimentaires, tissus de laine et soie, confections, machines, mercerie, bijouterie, parfumerie, verrerie, etc.

Les principales exportations sont : coton, pétrole, sucre, cuivre, laine, minéraux, or et argent, cuir, etc.

Les capitaux étrangers investis au Pérou s'élevaient, en 1919, à 73 millions de livres sterling. En 1927, ils ont atteint 99 millions, dont 66 apportés par les Etats-Unis, 25 par la Grande-Bretagne et 5 par l'Allemagne.

Les statistiques concernant le commerce extérieur sont publiées mensuellement par la Section Statistique de la Direction Générale des Douanes du Pérou, qui fait également paraître un annuaire du commerce extérieur. On y trouve les données relatives au poids et volume, valeur, pays d'origine et de destination des marchandises, ainsi qu'au mouvement des ports.

Informations consulaires

Légation de France, à (1).

Consulat de France, à (1).

Légation du Pérou, à Paris, 14, rue Chateaubriand.

Consulat Général du Pérou, à Paris, 43, rue Dumont-d'Urville (ouvert de 2 heures à 5 heures, sauf samedi, les jours fériés étant les mêmes qu'en France, et le 28 juillet, Fête nationale).

Consulats : Amiens, Bayonne, Bordeaux, Boulogne-sur-Mer, Cherbourg, Dunkerque, La Rochelle, Pallice, Le Havre, Lille, Limoges, Lorient, Lyon, Marseille, Nantes et Saint-Nazaire, Nice, Pauillac, Rouen, Sainte-Adresse, Toulouse.

Attaché commercial de France au Pérou : M. POURVERELLE, Légation de France à Lima.

Conseiller commercial du Pérou en France : M. AYULO, 179, rue de la Pompe.

Communications

SERVICE MARITIME AVEC L'EUROPE. — La liaison maritime du Pérou avec la France est assurée par la Compagnie Générale Transatlantique. Il n'existe pas de service direct pour passagers. Le fret est assuré par les lignes suivantes :

1° *Ligne directe.* — Anvers, Le Havre, Bordeaux, Cristobal, Sud-Pacifique. Départ du Havre les 3 et 15 de chaque mois, de Bordeaux le 22 de chaque mois ;

2° Avec transbordement à Cristobal :

a) Ligne postale (fret et passagers) Le Havre, Plymouth, Bordeaux, Antilles, Panama. Départ tous les 28 jours (du Havre le lundi et de Bordeaux le jeudi) ;

b) Ligne postale (fret et passagers) Saint-Nazaire, Antilles, Panama. Départ tous les 28 jours le jeudi ;

c) Lignes de vapeurs de charge : Anvers, Le Havre, Bordeaux, Cristobal, Nord-Pacifique. Deux départs par mois du Havre (les 4 et 23), deux de Bordeaux (les 14 et 22).

La correspondance à Cristobal-Colon pour les ports péruviens est assurée par la Compania Peruana de Vapores.

Les colis postaux peuvent être expédiés par les lignes de Saint-Nazaire et de Bordeaux-Cristobal.

Les cargos mettent en moyenne 36 jours pour aller du Havre à Cristobal-Colon et environ 16 jours de Cristobal-Colon à Callao.

Le port fluvial d'Iquitos est relié à l'Europe par la Booth Line, dont les navires remontent l'Amazone. Le voyage du Havre à Iquitos dure environ un mois.

(Pour plus de précisions, consulter le livret du chargeur de la Compagnie Générale Transatlantique.)

Les autres pays d'Europe sont reliés au Pérou par les lignes maritimes suivantes :

ANGLETERRE. — Pacific Steam Navigation Cy, Royal Packet Steam Mail Cy, Nautilus Steamship Cy ;

ITALIE. — Compania Transatlantica Italiana, La Veloce, Compania Navigazione Italia ;

ALLEMAGNE. — Kosmos-Roland, Hambourg-Amerika Linie (services occasionnels) ;

SCANDINAVIE. — East-Asiatic Cy (actuellement reprise par la Société Knut Knutsen) ;

ESPAGNE. — Compania Transatlantic Española.

Il existe un accord général entre les principales Compagnies européennes en ce qui concerne les taux du fret.

La navigation côtière au Pérou présente une importance particulière, non seulement au point de vue des communications internationales, mais aussi pour les communications entre les différentes vallées de la région côtière, souvent très isolées les unes des autres. Il n'y a pas encore, en effet, de chemins de fer parallèles à la côte sur une longue étendue, comme le Longitudinal chilien. C'est pourquoi il y a, échelonnés sur la côte péruvienne, une quarantaine de ports, dont sept se détachent nettement par la valeur de leur trafic ; ce sont : Callao, Mollendo, Payta, Salaverry, Eten, Pisco, Pacasmayo. Entre ces ports, des services sont assurés par la Grace Line, la Chilean Line, la Pacific Steam Navigation C°, d'une façon régulière, du moins pour les quatre premiers. Les ports de moindre importance sont desservis par la Compagnie Péruvienne de Navigation.

Le port fluvial d'Iquitos est relié à Manaos (Brésil) par un service mensuel qu'assure l'Amazon River Steamship C°.

La marine marchande péruvienne comprenait, en 1923, 30 vapeurs de plus de 100 tonneaux, jaugeant 68.363 tonneaux et 37 navires à voiles de plus de 100 tonneaux, jaugeant 32.845 tonneaux.

Le réseau ferré atteignait au Pérou, en 1925, 3.349 kilomètres, dont 2.391, bien qu'appartenant à l'Etat, sont exploités par la Peruvian Corporation. Les principales lignes sont : le Chemin de fer Central, qui relie Callao et Lima à Huancayo, ainsi qu'à Ancon et à Morococha ; le Chemin de fer du Sud, qui relie Mollendo à Arequipa, Juliaca et Cuzco ; les Chemins de fer locaux de Trujillo, Chimbote, Pacasmayo, Pisco-Ica, Payta-Piura ; les Chemins de fer de l'Etat Huacho-Ancon, Ilo-Moquegua, Cuzco-Santa Ana, etc.

Plusieurs lignes privées assurent en outre les communications de diverses exploitations minières ; la plus importante est celle de Cerro-Pasco-Oroya.

Les communications par avions sont en pleine période d'organisation. Outre la Compagnie qui assure déjà, au moyen de 6 avions nord-américains, une liaison entre Lima et Iquitos (965 kilomètres), une Compagnie allemande a obtenu une concession du Gouvernement péruvien en vue d'instituer divers services aériens entre le Pérou et les Républiques voisines. Une Compagnie péruvienne assure le service aérien de toute la côte et a établi une ligne Lima-New-York.

Les Services des Postes, Télégraphes et Télégraphie sans fil du Pérou ont été concédés en 1921 pour une période de 25 années à la Marconi Wireless C° Ld. Le Pérou appartient à l'Union Postale Universelle. L'affranchissement du courrier destiné à l'Amérique latine, aux Etats-Unis ou à l'Espagne est de 10 centavos par 20 grammes ; celui du courrier destiné aux autres pays est de 15 centavos pour les premiers 20 grammes et de 10 centavos pour chaque 20 grammes ou fraction en sus. Trois câbles sous-marins relient le Pérou au Chili, deux autres relient le Pérou aux Républiques du Nord. Il y a 14 Stations de T. S. F., dont une à Iquitos ; des auditions sont assurées pour le public par les stations de Lima et Arequipa.

Le courrier d'Europe — acheminé via Panama, via Etats-Unis ou via Buenos-Aires — arrive à intervalles fréquents.

Un courrier met environ 5 à 6 semaines pour parvenir de France au Pérou. La voie la plus rapide semble être via New-York, les sacs postaux pouvant y être embarqués sur des paquebots de grande vitesse et à départs plus fréquents. Bien que les coupons-réponses et les mandats postaux soient admis par les

Conventions internationales, ils ne sont guère usités au Pérou. Il vaut donc mieux ne pas employer les coupons-réponses ; quant aux mandats postaux, on leur préfère les paiements par chèques ou traites, qui sont plus expéditifs.

Poids et Mesures

Le système métrique décimal est adopté officiellement et employé dans la pratique, sur toute la côte et dans les grandes villes, mais à l'intérieur du pays et dans les petites localités, on emploie également plusieurs anciennes unités espagnoles.

Monnaie et Banques

L'unité monétaire est la livre péruvienne (Lp.), équivalant au pair à la livre sterling. Elle est divisée en dix soles, le sol contenant 100 centavos. Les pièces d'argent sont le sol, le demi-sol (50 centavos), la peseta (20 centavos), le real (10 centavos) et le medio (5 centavos). Les pièces de cuivre sont de 1 et 2 centavos.

Après la guerre, la livre péruvienne enregistre une dépréciation sensible due à une balance des comptes défavorables du pays. Ainsi, en 1927, la livre sterling faisait prime d'environ 25 % sur la Lp. Un réel effort a été fait depuis afin de relever la valeur extérieure de la Lp. et le disagio de la Lp. par rapport à la livre sterling est ramené actuellement à 20 %.

Les principales banques établies au Pérou sont les suivantes :

NOM DE LA BANQUE	SIÈGE	SUCCURSALES
Banco de Reserva del Pérú	Lima	
Banco del Pérú y Londres	Lima	Dans toutes les villes importantes.
Banco Italiano-Lima............	Lima	à 2, 3, 4, 5.
Banco Popular del Pérú.........	Lima	
Banco Internacional del Pérú	Lima	
Banco Alemàn Transatlantico....	Lima	à 2, 4.
Royal Bank of Canada..........	Montréal	à 1, 3.
National City Bank of New-York.	New-York	à 1.
Anglo-South American Bank L^td^.	Londres	à 1.

Le Banco de Reserva del Pérú est la Banque Centrale d'émission. Créée en 1922, elle est conçue d'après le système américain de la Réserve Fédérale. La Banque a le droit exclusif de l'émission des billets de banque, droit reconnu jusqu'à 1922 aux principales banques établies dans le pays (Banco del Pérú y Londres, Banco Internacional del Pérú, Banco Aleman Transatlantico, Banco Italiano, Banco Popular del Pérú, Caya de Ahorros de Lima).

C'est une institution privée placée sous le contrôle de l'Etat. Trois de ses Administrateurs sur dix sont nommés par le Gouvernement et, parmi ces trois Administrateurs, doivent être choisis le Président et le Vice-Président. La plupart des Banques péruviennes ont souscrit au capital de la nouvelle institution.

Les billets émis par le Banco de Reserva doivent être en principe remboursés à vue, soit en or, soit en dollars ou en livres sterling au gold-point inférieur de ces monnaies. La Banque est tenue de conserver en contre-partie des billets une réserve d'or (au Pérou ou à l'étranger) ou de devises étrangères (dollars ou livres) d'au moins 50 % de la circulation, le surplus étant couvert par du papier admis à l'escompte, conformément aux dispositions de la loi. Ce papier doit être à échéance maxima de 90 jours, sauf les effets agricoles, dont l'échéance peut aller jusqu'à six mois, étant entendu que le montant de ces effets ne doit pas dépasser 20 % du total des escomptes.

La circulation fiduciaire atteignait au 1er janvier 1928 6,04 millions de Lp., sa couverture en or et disponibilités à Londres étant d'environ 85 %.

Néanmoins, et quoique la convertibilité en or des billets soit stipulée par les statuts du Banco de Reserva, le Gouvernement n'a pas encore décrété la mise en vigueur de la convertibilité.

L'exportation de l'or est libre et soumise à un droit de 2 %.

Plusieurs banques locales ont des départements spéciaux s'occupant des opérations hypothécaires. Il existe une banque hypothécaire, le Credito Hipotecario del Perú, au capital de Lp. 50.000, et il est question de créer une grande banque agricole d'Etat au capital de Lp. 750.000 destinée principalement à financer les récoltes des fermiers. Des caisses d'épargne se trouvent dans les villes principales.

Usages bancaires et commerciaux

Il n'est pas fréquent qu'une firme péruvienne se fasse ouvrir un crédit dans une banque européenne en vue du paiement de ses achats. En général, l'exportateur européen envoie les connaissements, factures consulaires, police d'assurances, etc., à une banque de Lima, soit directement, soit par l'intermédiaire du correspondant de cette banque en Europe. Ces documents sont délivrés par la banque à l'intéressé dès que celui-ci a accepté une traite à 60 ou 90 jours de la date de la réception des marchandises. Les Allemands vont jusqu'à accorder souvent 120 jours, six mois et même un an.

Que la vente ait lieu au comptant, contre la remise des connaissements à l'arrivée de la marchandise au port de destination, ou qu'elle soit effectuée moyennant paiement à 60, 90 ou 120 jours de vue, on doit considérer de la plus élémentaire prudence de ne traiter qu'avec des firmes notoirement sérieuses, solvables et honnêtes et sur lesquelles on aura obtenu des renseignements récents et excellents. Il faut tenir compte, en effet, de ce que toute action judiciaire contre un acheteur solvable, mais peu scrupuleux, serait très lente, imposerait de nombreuses démarches et des frais élevés.

Dans les cas où la chose vendue est immeuble par elle-même ou par assimilation légale (machines ou installations industrielles ou minières de quelque importance), il est d'usage d'établir les contrats de vente par acte notarié et d'inscrire une réserve de propriété au Registre de la Propriété. La garantie la plus pratique est d'ailleurs la constitution d'une hypothèque sur la chose vendue après avoir fait inscrire celle-ci audit Registre. La vente par acte notarié est nécessaire, car si elle était sous seing privé, l'acheteur pourrait céder la chose vendue à un tiers envers qui la réserve de propriété stipulée serait inopérante.

Les traites et autres effets purement commerciaux sont couverts par la prescription au bout de 3 années, à compter de leur échéance. Quant aux effets se rapportant à des obligations dont le caractère est en même temps civil et commercial, le délai de prescription est de 15 années.

En cas d'expédition de la marchandise en consignation, il faut bien spécifier que la marchandise envoyée n'est pas vendue au consignataire. Le consignateur reste en effet propriétaire de la marchandise. En cas de faillite du consignataire, l'expéditeur peut réclamer sa marchandise ; il doit rembourser à la masse de la faillite les acomptes qu'il aurait pu obtenir sur le paiement de cette marchandise, ainsi que les frais de transport, de commissions et autres engagés pour lui par le consignataire. Ce dernier est responsable envers l'expéditeur de la marchandise des dommages et pertes subis de son fait.

Si, ayant vendu la marchandise, le consignataire ne rend pas au consignateur le produit de la vente, ce dernier peut le poursuivre en tant que débiteur contractuel et obtenir la saisie judiciaire de sa marchandise.

Moyens de pénétration

Maisons de Commission. — Publicité. — Au Pérou, le commerce d'exportation et d'importation est organisé et dominé par les étrangers, qui ont créé dans le pays des agences, des comptoirs et des banques. Il existe toutefois quelques anciennes et importantes maisons d'importation péruviennes. Ces établissements sont indispensables pour traiter des affaires de quelque envergure, car on ne saurait se passer de mandataires installés sur place, au courant des usages péruviens et absolument dignes de confiance.

Les grandes maisons d'importation et d'exportation de Lima ne se contentent pas d'avoir des agences dans les principaux centres du pays ; elles disposent en outre de nombreux voyageurs. Fréquemment ces maisons agissent en véritables banquiers : si un agriculteur a besoin de matériel, la firme lui fait les avances nécessaires, s'assurant d'avance par contrat la totalité ou une partie de la prochaine récolte de l'emprunteur. Ces firmes reçoivent en consignation tous les produits du pays, dont elles paient comptant le 60 ou le 70 %, d'après les prix des marchandises d'Europe ou des Etats-Unis, le règlement définitif ayant lieu après la vente à l'étranger.

Pour la vente, ces maisons ont installé, à l'intérieur du pays, de vastes magasins comportant plusieurs départements distincts, dirigés par des chefs de section spécialisés (véhicules, produits chimiques, textile, métaux, etc.) ; les magasins ont des stocks importants, afin de pouvoir satisfaire immédiatement la clientèle. Aussitôt reçue, une commande est — s'il n'y a pas d'existence disponible — transmise à la maison centrale d'Europe ou des Etats-Unis, l'achat effectué et, dans bien des cas, la marchàndise est expédiée directement au client, qui en prend lui même livraison en douane.

Bien introduits sur la place, connaissant les goûts de la clientèle, les dirigeants de ces importants comptoirs organisent la publicité dans les meilleures conditions. Ils utilisent à cet effet les lieux de spectacle (théâtres, cinémas), les divers emplacements d'affichage, les revues, les journaux. Dans ces derniers, le prix des annonces est assez élevé, mais on obtient des conditions raisonnables quand il s'agit d'insertions importantes et répetées. Les principaux journaux quotidiens sont : à Lima, *El Comercio, La Crónica, La Prensa, El Tiempo ;* à Callao, *El Callao.*

Voyageurs de Commerce

Si les grandes maisons d'importation de Lima ont leurs propres voyageurs qui rayonnent dans tout le pays, il n'en demeure pas moins que l'éventualité peut se présenter d'un voyage d'études au cours duquel un directeur d'entreprise, un chef de service d'exportation ou un représentant d'une ou de plusieurs maisons viendront examiner les possibilités du marché péruvien.

Conditions de séjour. — Tout voyageur de commerce arrivant de l'étranger doit être muni d'un passeport, sans lequel il ne peut régulièrement entrer au Pérou. A son arrivée, il doit, pour exercer sa profession, se munir d'une licence délivrée par la Préfecture, moyennant paiement d'une taxe qui varie suivant les départements. S'il reste plus de trois mois dans le pays, il ne peut quitter le territoire sans une autorisation de la police, autorisation qui est requise pour obtenir le billet de la Compagnie de Navigation.

Hôtels. — Cout de la vie. — A Lima et au Callao, on trouve des hôtels de premier ordre avec chambre et pension pour 8 à 15 soles (1 Lp. 1/2). Dans les autres grandes villes (Arequipa, Cuzco, etc.), le coût de la chambre et de la pension est de moitié moins élevé.

Actuellement, la vie dans les villes du Pérou est relativement chère. Ainsi les nombres indices des produits alimentaires étaient de 200 en 1928 (100 en 1913), ceux des articles d'habillement de 231, les indices des loyers de 266.

Ce renchérissement de la vie ressort également du mouvement des indices des budgets des familles basés sur les dépenses d'une famille dans la proportion suivante : 55 % pour l'alimentation, 18 % pour le loyer, 12 % pour l'habillement et 15 % pour les dépenses diverses.

Nombres indices des budgets de famille

ANNÉES	Nombres indices	ANNÉES	Nombres indices
1913	100	1920	210
1914	104	1921	199
1915	112	1922	190
1916	123	1923	180
1917	142	1924	187
1918	164	1925	200
1919	188	1926	201

Adjudications publiques

Les travaux et fournitures ne donnent pas lieu à des adjudications publiques comme celles qui se pratiquent en Europe. Pour pouvoir passer des marchés avec l'Etat ou les Administrations publiques, les fournisseurs doivent se trouver personnellement sur place ou avoir des agents dûment mandatés et bien introduits.

Fêtes légales

Sont fériés, au Pérou, les jours suivants : 1er janvier, 6 janvier (Epiphanie), 19 mars (Saint Joseph), 26 mai (Ascension), 29 juin (Saint Pierre et Saint Paul), 4 juillet (Fête Nationale), 28, 29 et 30 juillet (Fêtes de l'Indépendance), 15 août (Assomption), 30 août (Sta Rosa), 25 septembre (Notre Dame de la Merci), 12 octobre (Découverte de l'Amérique), 1er novembre (Toussaint), 27 novembre (Fête Nationale), 8 décembre (Immaculée Conception), 22 décembre (Fête de l'Eté), 25 décembre (Noël). Il convient d'ajouter les fêtes mobiles du jeudi de la Fête-Dieu, du Lundi et Mardi Gras et des deux jours de Pâques.

Douanes

Tarif douanier. — Le tarif douanier en vigueur est celui promulgué par la loi du 1er juillet 1923.

Des décrets ultérieurs ont modifié certains droits et apporté des restrictions quant à l'importation de certaines marchandises.

Une modification du tarif douanier a été effectuée en 1927 et 1928. Elle a amené une forte élévation des droits : les taux actuels sont d'environ 100 % supérieurs à ceux de 1923.

Les droits de douane poursuivent un but fiscal et protègent également les industries nationales, notamment le textile, les fabriques de chaussures, de chapeaux, de bougies et savon, d'allumettes, les brasseries, etc. D'autre part, le système douanier favorise l'importation des marchandises nécessaires pour le développement du pays. Ainsi les machines agricoles et l'outillage des mines ne paient pas de droits, le matériel des chemins de fer est imposé faiblement, etc.

Le tarif contient 2.336 articles ; les marchandises sont classées en 21 groupes. Le texte complet peut être consulté à l'Office du Commerce Extérieur, Section Douanes, ainsi qu'à la B. N. F. C. E., Service des Informations Commerciales.

La plupart des droits sont des droits spécifiques, établis d'après le poids brut ou net des marchandises. Les droits *ad valorem* sont moins fréquents ; la principale marchandise tarifée *ad valorem* est l'automobile. Des surtaxes spéciales sont prélevées en plus des droits de douane.

Ainsi les droits de douane sont majorés de 2 % pour les colis postaux. En outre, une surtaxe de 18 à 20 % sur le montant des droits de douane est prélevée au profit des ports ; une surtaxe de 2 % *ad valorem* est prélevée sur toutes les importations et il existe enfin des surtaxes de luxe pour certaines marchandises.

PROHIBITIONS D'IMPORTATIONS. — Il existe des prohibitions et des restrictions pour l'importation de certaines marchandises ; sont notamment interdites les armes, la poudre, etc.

ECHANTILLONS. — Les échantillons sans valeur sont exempts de droits de douane. Les échantillons présentant une valeur commerciale paient les mêmes droits que les marchandises de la même espèce ; toutefois, si ces échantillons sont réexportés dans un délai de six mois, les droits peuvent être restitués.

ENTREPÔT DE DOUANE, EMMAGASINAGE. — Les marchandises importées peuvent rester dans les entrepôts des douanes pendant un an, avec faculté de prolongation. Pendant 15 jours, l'entrepôt est gratuit ; ensuite il est prélevé par mois 1 % des droits de douane afférents à la marchandise.

Documents exigés

Factures consulaires. — *Langue requise :* espagnol ou français.

Nombre d'exemplaires : quatre.

Coût du visa : 4 % de la valeur déclarée des marchandises expédiées sans connaissement (dont 2 % perçus au lieu de l'expédition et 2 % à l'arrivée au Pérou) ; pour les marchandises expédiées en colis postaux, droit fixe de 10 francs pour les factures allant de 1.000 à 2.000 francs ; au-dessous de 1.000 francs, 1 % de la valeur.

Lieu : Port d'embarquement et, là où il n'existe pas de Consul, le visa sera donné par le Consulat Général à Paris.

Remarques. — Les factures consulaires sont également exigées pour les colis postaux. Les factures ne doivent contenir ni correction ni ratures. Toutefois, les erreurs peuvent être corrigées par une note explicative en fin du document, note qui devra être signée par l'intéressé et certifiée par le fonctionnaire consulaire. En outre, si, après que la facture a été visée, on remarquait une erreur dans les déclarations, l'intéressé pourrait adresser au Consul une lettre explicative en quatre exemplaires.

La valeur indiquée des marchandises est celle du pays d'origine.

S'il s'agit de marchandises embarquées à destination de Payta, Callao et Mollendo et devant être réexpédiées de l'un de ces ports en transit pour d'autres pays, les Consuls péruviens devront légaliser gratuitement les manifestes qui leur seront présentés. Si l'expéditeur a négligé de faire dans ce cas la déclaration nécessaire, le consignataire aura la faculté de se faire rembourser les frais de visa au moment de la réexportation des marchandises dont il s'agit.

Visa du connaissement. — Gratuit par le Consul du port d'embarquement.

Certificats phytopathologiques. — Sont exigés pour les semences, plantes et animaux ; droit : $ 2.

Marques de fabrique et de commerce

Une marque peut être enregistrée à la « Seccion de Industrias » du « Ministerio de Fomento », pour 10 ans, renouvelable à la fin de chaque période. Même durée pour les brevets. Adresser pleins pouvoirs avec description détaillée de l'article à des agents locaux à Lima, qui feront le nécessaire, ou faire la demande auprès du Consul péruvien.

Législation commerciale

La législation commerciale est principalement contenue dans le Code de Commerce péruvien (Codigo de Commercio) qui date de 1902.

Pouvoirs. — On distingue deux genres de pouvoirs : le pouvoir général et le pouvoir spécial.

Le pouvoir général confère à celui qui le détient le droit d'agir au nom de son commettant, de gérer ses affaires et de se présenter pour lui dans les litiges.

Un pouvoir spécial est nécessaire pour effectuer la vente, l'achat ou hypothéquer un bien quelconque, ainsi que pour ester en justice, renoncer à une poursuite judiciaire engagée ou accepter un compromis. Les pouvoirs sont, en général, établis au Pérou par-devant notaire.

Un pouvoir établi à l'étranger, conformément aux lois du pays, est valable au Pérou à condition d'avoir été authentifié et visé par un Consul péruvien en résidence dans le pays où le pouvoir a été fait. La signature du Consul péruvien devra être visée par le Ministère des Affaires étrangères, à Lima, qui certifiera également la traduction espagnole du pouvoir, si celui-ci est rédigé en langue étrangère.

Faillites. — La procédure en matière de faillite est réglée par le Code de Commerce (art. 883 à 940) et le Code de Procédure (art. 900 à 934).

Chaque année, le Tribunal désigne un certain nombre de personnes honorablement connues parmi lesquelles sont choisis les curateurs de faillites. Un curateur est nommé pour deux ans ; il ne peut s'occuper que d'une seule faillite. Il prend toute décision d'accord avec le juge de première instance et avec l'assemblée des créanciers. Le créancier qui ne se trouverait pas sur place doit se faire représenter par un fondé de pouvoir, de préférence un avocat auquel il donne procuration. Ce document devant être rédigé ou traduit en langue espagnole et, en tous cas, légalisé par le Consul péruvien compétent, il est préférable, et de toute manière moins coûteux, de le faire établir par ce fonctionnaire.

Dans la pratique, les créanciers s'efforcent toujours d'éviter la déclaration en état de faillite du débiteur, l'expérience ayant démontré que la liquidation de l'actif permet rarement la répartition d'un dividende sérieux. Ils préfèrent donc généralement conclure une transaction. D'ailleurs, la législation péruvienne autorise le *Concordat préventif*.

Effets de commerce. — Généralités. — La lettre de change devra contenir :

1° La désignation des lieux, indication des mois, jour et année où elle a été tirée ;

2° L'échéance ;

3° Les nom et prénoms de celui à l'ordre de qui elle doit être payée ;

4° La somme à payer ;

5° Mention de la « valeur reçue », ce qui s'exprimera par les mots « Valeur en compte » ou « Valeur entendue » ;

6° Nom et prénoms du tireur ;

7° Nom et prénoms, domicile du tiré ;

8° Signature du tireur ou de son mandataire.

Sur chaque exemplaire de la lettre de change, il doit être indiqué que ce nouvel exemplaire n'aura de valeur que dans le cas où le paiement n'aurait pas été effectué, en vertu de la lettre originale.

Toute lettre ne contenant pas l'une de ces mentions sera considérée comme une simple promesse.

Les lettres de change peuvent être tirées à vue à un ou plusieurs jours ou mois de vue ;

A un ou plusieurs jours de mois de date ;

A une ou plusieurs usances ;

A jour fixé ;

En foire.

Paiement. — Toutes les lettres de change doivent être payées le jour de leur échéance, avant le coucher du soleil, sans terme de grâce ; si le jour de l'échéance est un jour férié, la lettre sera payable le jour précédent.

Endossements. — L'endossement doit contenir :

1° Les nom et prénoms de la personne ou société à qui la lettre est transmise ;

2° De quelle manière le cédant se déclare remboursé ;

3° Les nom et prénoms de la personne par qui le cédant est remboursé ou au compte de qui il porte la valeur de la lettre ;

4° La date de l'endossement ;

5° La signature de l'endosseur ou de son mandataire.

A défaut de date, la lettre de change sera considérée comme une simple commission de recouvrement.

Les endossements qui ne sont pas en blanc et sur lesquels il n'est pas fait mention de la valeur ne transmettent pas la propriété de l'effet.

Les lettres de change tirées à l'intérieur doivent être présentées à l'acceptation dans les huit jours outre les délais de distance ; celles tirées de l'étranger sont présentées dans le délai indiqué sur chacune d'elles.

Protêt. — Les protêts, faute d'acceptation ou de paiement, doivent être dressés par notaire le lendemain du jour où l'acceptation ou le paiement ont été refusés, et dans le cas où le dit jour serait un jour férié, le premier jour utile.

Prescription. — Les actions dérivant de la lettre de change se prescrivent par trois années à dater de leur échéance, qu'il y ait eu ou non protêt.

Frais de timbre. — Lp. 0,10 jusqu'à Lp. 50 ; Lp. 0,25 de Lp. 50 à Lp. 100 ; Lp. 0,25 pour chaque Lp. 100 ou fraction supérieure à Lp. 100.

Frais de protêt — Le protêt au Pérou étant un acte notarié, les frais du notaire pour un protêt simple sont habituellement de 5 soles ; si le protêt nécessite deux notifications, ces frais sont doublés.

SOMMAIRE

Imprimeries G. Mont-Louis
57, Rue Blatin, 57
Clermont-Ferrand (P.-de D.)

www.ingramcontent.com/pod-product-compliance
Ingram Content Group UK Ltd.
Pitfield, Milton Keynes, MK11 3LW, UK
UKHW020305180726
13839UKWH00001B/379